汉译世界学术名著丛书

经济科学的最终基础

一篇关于方法的论文

〔奥〕路德维希·冯·米塞斯 著

朱泱 译

商务印书馆
The Commercial Press

Ludwig von Mises
THE ULTIMATE FOUNDATION OF ECONOMIC SCIENCE
AN ESSAY ON METHOD
本书根据 D. 万·诺斯特兰德有限公司 1962 年版译出
D. VAN NOSTRAND COMPANY (Canada), LTD.

汉译世界学术名著丛书
出 版 说 明

我馆历来重视移译世界各国学术名著。从20世纪50年代起,更致力于翻译出版马克思主义诞生以前的古典学术著作,同时适当介绍当代具有定评的各派代表作品。我们确信只有用人类创造的全部知识财富来丰富自己的头脑,才能够建成现代化的社会主义社会。这些书籍所蕴藏的思想财富和学术价值,为学人所熟悉,毋需赘述。这些译本过去以单行本印行,难见系统,汇编为丛书,才能相得益彰,蔚为大观,既便于研读查考,又利于文化积累。为此,我们从1981年着手分辑刊行,至2016年年底已先后分十五辑印行名著650种。现继续编印第十六辑、十七辑,到2018年年底出版至750种。今后在积累单本著作的基础上仍将陆续以名著版印行。希望海内外读书界、著译界给我们批评、建议,帮助我们把这套丛书出得更好。

商务印书馆编辑部
2018年4月

目　　录

序言 ……………………………………………………… 1

关于人类行动学的几点初步看法：代导言 ……………… 5
1　认识论的永恒基础 …………………………………… 5
2　论行动 ………………………………………………… 6
3　论经济学 ……………………………………………… 7
4　人类行动学思想的起点 ……………………………… 8
5　外部世界的真实性 …………………………………… 10
6　因果关系与目的论 …………………………………… 11
7　行动范畴 ……………………………………………… 12
8　人类行动科学 ………………………………………… 13

第一章　人类心灵 ………………………………………… 15
1　人类心灵的逻辑结构 ………………………………… 15
2　关于先验范畴起源的假说 …………………………… 19
3　先验知识 ……………………………………………… 22
4　现实的先验表现 ……………………………………… 24
5　归纳法 ………………………………………………… 27
6　概率经验主义的自相矛盾 …………………………… 33

7	唯物主义 ………………………………………………	34
8	唯物主义哲学的荒谬可笑 ……………………………	36
第二章	知识的行动主义基础 ……………………………………	41
1	人与行动 ……………………………………………	41
2	目的因 ………………………………………………	43
3	价值判断 ……………………………………………	45
4	统一科学的妄想 ……………………………………	46
5	人类行动科学的两个分支 …………………………	49
6	人类行动学的逻辑特征 ……………………………	52
7	史学的逻辑特征 ……………………………………	54
8	情意学方法 …………………………………………	55
第三章	必然性与意志力 ………………………………………	61
1	无限 …………………………………………………	61
2	最终的给定物 ………………………………………	62
3	统计 …………………………………………………	64
4	自由意志 ……………………………………………	66
5	必然性 ………………………………………………	69
第四章	确定性与不确定性 ……………………………………	73
1	量的确定问题 ………………………………………	73
2	可靠的知识 …………………………………………	74
3	未来的不确定性 ……………………………………	76
4	行动与历史中的量化和领悟 ………………………	77
5	在人类事务方面,预测是靠不住的 …………………	78
6	经济预测与趋势理论 ………………………………	79

	7	作决策 ··································	80
	8	证实与可反驳性 ························	81
	9	对人类行动学诸命题的考察 ············	82
第五章	关于经济学的范围与方法的一些常见错误 ·······	85
	1	关于研究方法的无稽之谈 ···············	85
	2	对动机的研究 ····························	87
	3	理论与实践 ······························	89
	4	概念的实体化陷阱 ······················	91
	5	论拒斥方法论上的个人主义 ············	93
	6	宏观经济学的研究方法 ··················	95
	7	现实与游戏 ······························	100
	8	对流行见解的误解 ······················	103
	9	相信思想万能 ····························	104
	10	完美政体的概念 ··························	108
	11	行为科学 ·································	115
第六章	忽视经济思考带来的另一些结果 ············	118
	1	探究人的问题的动物学方法 ············	118
	2	"社会科学"的研究方法 ··················	119
	3	经济学的研究方法 ······················	122
	4	评法律术语 ······························	124
	5	消费者主权 ······························	126
第七章	一元论在认识论上的根源 ····················	129
	1	一元论的非经验性 ······················	129
	2	实证主义兴起的历史背景 ···············	132

3	自然科学的情况	134
4	人类行动科学的情况	135
5	实证主义的种种谬见	136

第八章　实证主义与西方文明的危机 …… 140

1	对宇宙的误解	140
2	对人类境况的误解	141
3	科学崇拜	143
4	极权主义所得到的方法论上的支持	145
5	后果	148

索引 …… 150

序　　言

　　本文不是想要对哲学做出贡献,而仅仅是想阐明在研究知识理论时应当充分考虑的某些观念。

　　总的说来,传统的逻辑学与认识论只是探究了数学和自然科学所使用的方法。哲学家一向把物理学视为科学的楷模,轻率地认为一切知识的形成都应以物理学为模本。他们认为生物学可有可无,确信后代人迟早有一天将能够把生命现象化简为物理学能够加以充分描述的元素的运作。他们把历史贬低为"纯粹的文学",而且忽视经济学的存在。从本质上说,实证主义是泛物理主义,其先驱是拉普拉斯,命名者是奥古斯特·孔德,将其复活并将其系统化的是当代逻辑实证主义或经验实证主义。这种学说否认除了以物理学家的"记录语句"为出发点外,还有任何其他的科学思想方法。其唯物主义倾向只是遭到了形而上学家的反对,而形而上学家则沉溺于创设虚构的实体和独断的体系,即所谓的"历史哲学"。

　　本文意在强调这样一个事实,即:宇宙间有些事物是自然科学不能加以描述和分析的。在自然科学的方法适合观察和描述的事物之外,还有别的事物,那就是人的行动*。

自然事件层出不穷,但科学却找不出其最终目的,而人们的自觉行动,却总是瞄准明确的目的。这两者之间横亘着一条鸿沟,实际上迄今在其之上都还未架起一座桥梁。探讨人的行动,若不涉及行动者瞄准的目的,那就如同解释自然现象时偏要探究其最终目的一样荒唐可笑。

关于人类行动科学的认识论解释,有许多错误,但如果把所有这些错误都归咎于不恰当地采用了实证主义的认识论,那就错了。同实证主义相比,还有另一些学派,例如历史循环论,更为严重地把哲学上的人类行动学与历史混淆在了一起。不过,下面的分析将首先讨论实证主义的影响。①

为了避免误解本文的观点,应该甚至必须强调指出,本文讨论的是知识、科学以及合理的信念,只有在需要说明形而上学信条在

---

* 英文原文是 human action,这个短语在米塞斯的著述中是个极其重要的关键词。但在汉语学术界,对这个短语的译法却十分混乱,归结起来有:人的行为、人类行为、人的行动、人类行动。首先,human 一词,既可以译为"人的",也可以译为"人类的",用来和动物相区别,但考虑到米塞斯以及奥地利学派经济学家始终坚持方法论上的个人主义,我在不影响中译文流畅的情况下采用了"人的"这一译法,突出单数概念,而没有使用"人类的"这一集体色彩很浓的概念。其次,action 一词,我采用了"行动"这一译法,因为作者米塞斯在本书原文第 9 页中有以下明确的说明:"人的显著特征就在于,人有意识地行动(consciously acts)。人是行动的(acting)动物。除动物学外,有史以来凡是对人与非人的哺乳动物作出区分的科学论述,都含有这样的意思:人是行动着的。行动的含义是:力求达到目的;也就是说,先选择一个目标,然后借助于手段来达到所追求的目标。"米塞斯强调的是人的经济活动的有意识性,也即人的经济活动是有意识的 action,而非无意识的 behavior。——译者注

① 关于历史循环论,参见米塞斯:《理论与历史》(纽黑文,耶鲁大学出版社,1957[路德维希·冯·米塞斯研究所,1985]),第 198 页及以下各页。

哪些方面不同于科学知识的时候，才提及这些信条。本文毫无保留地赞同洛克提出的原则："持有任何主张的自信，不应大于赖以建立该主张的证据所允许的程度。"实证主义犯的错误不在于采用了上述原则，而在于不承认除了实验自然性的自然科学方法以外，还有任何其他方法可以证明一项主张，并认为所有其他使用理性话语的方法都是形而上学的方法。在实证主义的专门术语中，形而上学就是胡说八道。本文的唯一主题，便是揭露实证主义的这一基本论点的荒谬性，并指出它带来的灾难性后果。

对于一切形而上学的东西，实证主义都无比蔑视，然而，实证主义的认识论本身也显然是以一种形而上学为基础的。若力图分析任何种类的形而上学，若试图评价其价值或可靠性，若试图肯定或否定它，那便超出了理性探究的范围。逻辑推理所能做到的，仅仅是表明，相关的形而上学信条是否与已经被证明为科学真理的东西相矛盾。就实证主义对人类行动科学所下的论断而言，如果能够证明上面一点，那么它的论断就是无稽之谈，应该予以抛弃。实证主义者自己，从其自身的哲学观点出发，将不得不赞同这样一种评判。

一般的认识论，只能由那些十分熟悉所有领域人类知识的人来研究。不同领域的特殊认识论问题，则只能由那些充分了解该领域知识的人来探究。假如不是几乎所有当代哲学家的著作都令人震惊地对人类行动科学一无所知，那就无须提及上述一点了。[②]

---

② 这种无知的一个突出例子，便是著名哲学家亨利·柏格森，参见米塞斯：《人类行动》(纽黑文，耶鲁大学出版社，1949年，[第4版，欧文顿，新泽西州，经济教育基金会，1996年])，第33页注释。

甚至连下面这一点也是值得怀疑的,即是否能够将对认识论问题的分析和对相关科学的本质问题的处理分离开来。自然科学对现代认识论的基本贡献是来自于伽利略,而不是来自于培根、牛顿和拉瓦锡,或者康德和孔德。逻辑实证主义中站得住脚的东西可以在过去一百年的伟大物理学家们的著作中找到,而不是在"统一科学百科全书"里找到。我自己对于知识理论的贡献——不管这种贡献是多么微不足道——都包含在我撰写的经济和历史图书中,尤其是我的《人类行动》和《理论与历史》。现在这篇论文仅仅就经济学对其自身的认识论的观点进行补充和评论。

那些真正想要掌握经济理论要旨的人,应该首先谙熟经济学的内容,然后,在反复思索了这些经济理论以后,才能转而研究相关的认识论方面的问题。如果没有细致地钻研过人类行动学所思考的一些重大问题,比如报酬律(大多数时候叫作报酬递减律)、李嘉图协作法则(一般称作比较成本定律)、经济计算问题等等,那么,不能指望任何人理解人类行动学的含义及其特定的认识论问题涉及的内容。

关于人类行动学的几点初步看法:代导言

1. 认识论的永恒基础

赫拉克利特说,万事万物都处于不停的流变之中;没有永恒的存在;一切都是变化与生成。这一主张从超人智慧的观点看,能否得到证明?进而言之,若不牵涉基础这个概念——此基础在变化的同时,在其相继的各种状态中,从某一层面和某种意义上说又是保持不变的——那么,人类心灵能否想象变化?这样的问题应当留给形而上学的思辨去解决。就认识论而言,就人类知识理论而言,肯定有某种东西不得不认为是永恒的,这就是人类心灵的逻辑结构与行为学结构,以及人类的感官能力。人性,在我们现在所生活的这个宇宙变化的时代的人性,既不是从开天辟地以来就已经存在的某种东西,也不是将万世长存的某种东西,认识论完全清楚这个事实,但它必须把人性看作好像是不变的。自然科学不妨向前迈进一步,尝试着研究演化问题。然而,认识论却是人文科学的一个分支——或者更确切地说,是人文科学的基础。它探究的是人的本性的一个方面,这里所说的人形成于漫长的宇宙历史之中,又生活于宇宙历史中当下的这个时期。它探究的不是一般的思维、感知和认知,而是人的思维、感知和认知。就认识论而言,必须把某种东西看作是不变的,这种不变的东西就是人类心灵的逻辑结构和行为学结构。

我们不要把知识与神秘主义混淆在一起。神秘主义者会说:"阴影与阳光是相同的。"① 知识的起点便是明确区分 A 与非 A。

我们知道,在过去漫长的一段宇宙史上,没有我们现在称作人类的那种生物,同时我们可以自由设想,在未来很长一段宇宙史上,人类也将不复存在。但我们却无法想象有这样的人,他在心灵的逻辑结构和行为学结构以及感官能力上,与我们所知道的像我们自己一样的人有本质上的不同。尼采的超人概念不具有任何认识论上的意义。

2. 论行动

认识论探究的是人类生活的精神现象,是思维和行动着的人。传统认识论的主要缺陷在于忽视了人的行动方面。传统认识论者把思维当作一个独立的领域,与人的活动的其他表现相隔绝。他们探究逻辑学和数学问题,但却没有看到思维的实际内容。他们忽视了人的行动的先验性。

这种研究方法的缺点,表现在(有别于天启神学的)自然神学的教义上。自然神学认为,神的特征是,神不像人类心灵和人类意

---

① R. W. 爱默生:《梵天》。

志那样受到局限。神是全知全能的。这种概念的神意味着,有一个行动着的上帝,也就是说,有一个像人那样行动着的上帝。但哲学家阐述这些观念时没有看出,此种概念的神是自相矛盾的。人之所以行动,是因为他对没有他干预而普遍存在的事物状况感到不满意。人之所以行动,是因为他无法使事物状况充分令人满意,因而必须采用适当的手段来减少令人不满意的程度。但是,全能的上帝却不会对普遍存在的事物状况感到不满意。上帝不会有行动,因为他不用任何行动或任何手段,就会使事物状况充分令人满意。对他而言,根本就没有目的与手段之区别这回事。说上帝有行动,那是拟人的说法。从人性的局限出发,人的逻辑理性绝对无法限定和界定全能的本质。

然而,必须强调指出,人们未曾关注人类行动学问题,并非神学因素使然,而是由于人们热烈渴望实现乌托邦幻想。由于经济科学(在人类行动学中,它是迄今为止得到最为精彩阐述的一部分)戳穿了形形色色乌托邦思想的谬误,它便被宣布为非法并被打上了非科学的烙印。

现代认识论最为显著的特征,是完全忽视经济学的存在,但经济学这门知识的发展与应用,却是现代史上最为辉煌耀眼的事件。

3. 论经济学

经济学研究一再被一个错误观念引入歧途,这个错误观念就是,经济学研究必须仿照其他科学的模式。劝说经济学家不要向其他知识领域投射艳羡的目光,甚或完全无视它们的存在,是无法避免上述错误观念带来的恶果的。不管对于哪门学科，采取完全无视的态度，绝不是寻求真理的有效方法。为了防止采用数学、物理学、生物学、历史学和法学的方法糟蹋经济学，我们所需要做的，不是轻视和忽视这些学科，而是努力了解和掌握它们。谁要想在人类行动学上有所成就，谁就必须熟悉数学、物理学、生物学、历史学和法学，以免他把人类行动理论的任务和方法与上述任何其他知识领域的任务和方法混淆在一起。经济学中各历史学派的毛病首先是，它们的领袖人物只不过是历史学领域的半吊子。大凡够格的数学家，都会看出各种各样所谓的数理经济学尤其是计量经济学的根本性谬误。诸如保罗·德·利林费尔德那样的作家卖弄得相当业余的有机体学说，愚弄不了任何一位生物学家。

我曾在一次讲演中表达了上述意见，听众中一个年轻人表示反对。他说："你对经济学家要求得太高了，谁也甭想强迫我花时间研究所有这些学科。"我回答说："谁也不会逼你当经济学家。"

4. 人类行动学思想的起点

人类行动学的先验知识完全不同于——从范畴上说，不同于——数学的先验知识，或更为确切地说，不同于逻辑实证主义所解释的数学的先验知识。人类行动学一切思想的出发点，不是任意选择的公理，而是每个人心中完完全全、明明白白和不可避免地显现出来的道理。一些动物心中有这种认识，另一些动物心中没有充分而明确的这种认识，这两种动物之间横亘着一道不可逾越的鸿沟。只有前者，才配给以人这一名称。人的显著特征就在于，

关于人类行动学的几点初步看法：代导言

人有意识地行动。人是行动的动物。

除动物学外，有史以来凡是对人与非人的哺乳动物作出区分的科学论述，都含有这样的意思：人是行动着的。行动的含义是：力求达到目的；也就是说，先选择一个目标，然后借助于手段来达到所追求的目标。

逻辑实证主义的本质是，否认先验知识具有认知价值，认为一切先验命题都仅仅是分析性的。这样的命题不提供新的信息，而只是词语，只是同义反复，所断言的内容已经包含在了定义与前提之中。只有依据经验，才能得到综合命题。对于这种学说，有一个显而易见的反对理由，即：没有先验的综合命题这一主张本身就是一个——在我看来，是一个错误的——先验的综合命题，因为它显然无法用经验来证实。

然而，整个这场争论对于人类行动学来说却是毫无意义的。它实质上是关于几何学的争论。这场争论的现状，尤其是逻辑实证主义的相关论述，已因非欧几里得几何学的发现给予西方哲学的冲击而深受影响。在鲍耶和罗巴切夫斯基以前，几何学在哲学家眼中就是完美科学的典范。人们曾认为，几何学为每一个人提供了永远不可动摇的确定性。大凡追求真理的人，心中都曾有一个伟大的理想，那就是在其他知识领域中也使用欧几里得几何学的方法进行研究。一旦建立非欧几里得几何学的尝试取得了成功，传统认识论的所有概念便开始动摇了。

然而，人类行动学并不是几何学。所有迷信中最坏的一种迷信认为，某一知识领域的认识论特征必然适用于所有其他领域。我们在讨论人类行动科学的认识论时，一定不要到几何学、力学或任何其他科学那里去寻求线索。

欧几里得几何学的各项假设,曾被认为是自明的真理。如今的认识论则把它们视为自由选定的假设,是一连串有前提的推理的起点。这无论具有什么样的含义,都与人类行动学毫无关系。

人类行动学的起点是一个自明的真理,即对行动的认识,也就是认识到有这样一种事物,它有意识地瞄准目的。用不着借助于哲学来对我使用的这些词语吹毛求疵,因为哲学与我们讨论的问题无涉。对于人类心灵而言,这种认识的真实性就像 A 与非 A 的区别那样,是自明的,是不可或缺的。

5. 外部世界的真实性

从人类行动学的观点来看,我们不能怀疑物质、有形物体以及外部世界的真实存在。它们的真实性,由人不是全能的这个事实显示了出来。在这个世界上,有一些东西阻碍着人实现其愿望和欲望。谁要是想仅凭一道命令就能消除使他烦恼的事情,就能用较为适合他的状况取代不那么适合他的状况,那完全是徒劳的。如果他想成功,他采用的方法就必须与他所了解的事物的结构相适应。我们可以把外部世界定义为所有这样一些事物和事件的整体,这些事物和事件决定着人的行动是可行还是不可行,是成功还是失败。

一个众说纷纭的问题是,我们能否想象有形物体独立于心灵而存在;讨论这个问题是徒劳无益的。千百年中,医生的心灵并没有感觉到病菌,也没有推测它们的存在。但是,医生能否治好疾病和挽救病人的生命,却取决于病菌如何影响和是否影响病人身体器官的机能。病菌是真实存在的,因为它们的干扰或不干扰,在场或不在场,决定了治疗的结果。

6. 因果关系与目的论

行动是自然科学不予考虑的一个范畴。科学家从事研究工作,这是一种行动;但在科学家探索的外部世界的自然事件的范围中,却没有行动这样的事物。有的是激动,有的是刺激与反应,(不管一些哲学家会提出什么样的反对意见)有的是原因与结果。在现象的相互联系和前后顺序之中,有似乎不可抗拒的规律性。在实体之间有不变的关系,使科学家有可能进行一种叫作计量的工作。但是,以上这一切却不会使人联想到,有人在力求达到所追求的目的;这里根本没有可以辨认出来的目的。

自然科学研究的是因果关系;人类行动科学则具有目的论的性质。我们对人类知识的这两个领域作出这种区分,并非要对下面这样一个问题发表任何意见,即:宇宙中一切事件的进程是否最终都取决于上帝的设计。讨论这个大问题,超出了人类理性的范围,也超出了任何一门人文科学的范围。这隶属于形而上学与神学自诩占有的王国。

人类行动科学涉及的目的,不是上帝的计划和实行计划的手段,而是行动着的人在努力实现自己的计划时所追求的目的。通常被称为历史哲学的形而上学,试图在川流不息的历史事件中发现上帝的隐秘计划或某种神秘力量(譬如,马克思理论中的物质生产力)的隐秘计划,这不是科学。

在讨论特定的历史事件比如第一次世界大战的时候,历史学家必须探究战争发动者和抵抗者所追求的目的。他必须考察所有参与者的行为带来的结果,并将此结果与战前的状况以及行动者的意图相比较。但是,历史学家并不需要探究历史事件所表现出来或实现的"更高的"或"更深的"意义。在连续不断的历史事件中,或许隐藏着"更高的"或"更深的"目的。但对终有一死的人来说,却没有办法对这种"更高的"或"更深的"意义有所知晓。

7. 行动范畴

人类行动理论科学的所有要素都已蕴含在行动范畴之中,因而必须通过细述行动范畴的内容来说明这些要素。由于在目的论的这些要素当中也有因果范畴,行动范畴便是认识论的基本范畴,亦即认识论的起点。

行动这个范畴或概念包含着下述概念:手段与目的、取与舍(即评价)、成功与失败、利润与亏损、成本。因为若不清楚因果关系,就不会有人筹划自己的行动并大胆地有所行动,所以目的论便以因果关系为先决条件。

动物不得不根据其环境的自然条件来调整自己;如果调整得不成功,它们就会被消灭掉。人是唯一的一种能够——在一定限度内——有目的地调整环境使其较为适合自己的动物。

我们可以想象,有一个进化过程把人类的非人祖先转化成了人,这一过程由连续不断的微小而渐进的变化构成。但我们无法想象有这样一个心灵,在这个心灵中,行动范畴仅仅以不完全的形式出现。在下面两种生物之间是没有过渡的,一种生物完全受本能和生理冲动的驱使,另一种生物则能选择目的和达到这些目的的手段。我们无法想象,一个行动着的人不能具体区分什么是目的和什么是手段,什么是成功和什么是失败,什么是他喜欢的和什么是他不那么喜欢的,什么是他的行动带来的利润或亏损和什么是他付出的成本。当然,在领会这些事物时,他可能会对各种外部事件和物质在他的行动过程中起的作用作出错误的判断。

只有当上述区分呈现于当事人的心灵时,特定的行为方式才是我们所说的行动。

8. 人类行动科学

德语中有一个词,即 *Geisteswissenschaften*（社会科学）,可以很方便地用来表示探究人类行动的所有科学,以有别于自然科学。不幸的是,一些作家赋予了这个词浓厚的形而上学和神秘的意味,而损害了它的用处。在英语中,*pneumatology*（灵物学）这个词（边沁认为,[②]这个词是 *somatology*[人体学]的反义词）也很适当,但从未被人接受。约翰·斯图亚特·穆勒使用的 *moral sciences*（道德科学）这个词,亦不能令人满意,因为从词源上说,它与规范性的伦理学科关系密切。*humanities*（人文学科）这个词,传统上

---

② 边沁:《论命名和分类》,《论文集》附录Ⅳ（鲍林编:《边沁著作集》[1838—1843年],第Ⅷ卷,第84和88页）。

用于专指人类行动科学中的一些历史分支。因此,我们不得不使用"人类行动科学"这个有点冗长的词语。

第一章 人类心灵

1. 人类心灵的逻辑结构

人在地球上占据着一种特殊地位，使他有别于而且高于构成我们这个星球的所有其他实体。所有其他的生物或非生物都按照固定的模式行为，而只有人似乎——在一定限度之内——享有一点自由。人会思考自身的处境和环境，会谋划事情状况，使其比现有状况更加适合于自己，会通过有目的的行为用较为合意的状况取代不那么合意的状况，而如果他不予以干预，后一种状况便会盛行。

在茫茫无际的所谓宇宙和大自然中，只是在很小的范围内，人的有意识的行为能够影响事物的发展进程。

正是这一事实，致使人将外部世界与人之所以为人的本质区别了开来；外部世界受制于不可抗拒的、无法摆脱的必然性，而人之所以为人，是因为人具有思考、认知和行动的能力。心灵或理智与物质形成了对照，意志与自发的冲动、本能和生理过程形成了对照。人充分认识到，决定所有其他事物和存在物的那些力量，也影响着自己的身体。因此，人便把自己能够思考、能够运用意志力和能够行动的能力,归因于一个看不见摸不着的因素,他将其称之为心灵。

在人类的早期历史上,有人曾试图将这种能够思考和能够有目的地追求选定的目标的能力,归因于许多因素,甚至归因于非人类的因素。后来人们发现,把非人类的事物看作似乎具有人类心灵的禀赋,是徒劳无益的。于是出现了一种与此相反的倾向。人们试图把精神现象分解为这样一些因素作用的结果,这些因素并非人类所专有。这种学说最为激进的表述是约翰·洛克的名言:心灵是一张白纸,外部世界在其上书写下自己的故事。

后来兴起一种新的理性主义的认识论,其目的是反驳这种整体经验主义。经验主义的认识论主张,凡在理智中的,无不先在感觉中;莱布尼茨给其增添的限制性条件是:除了理智本身之外。康德被休谟从"独断的昏睡"中唤醒,把理性主义学说置于一个新的基础之上。他教导说,经验只是提供心灵用以形成所谓知识的原材料。一切知识都受制于在时间和逻辑上先于经验材料的范畴。范畴是先验的;它们是使个人能够思考和——我们或许应加上——行动的精神装备。由于一切推理都以先验的范畴为先决条件,因而若想要证明或反驳它们,必然是徒劳的。

经验主义对先验论作出的反应,建立在对非欧几里得几何学的误解之上,非欧几里得几何学是19世纪对数学作出的最重要贡献。经验主义强调,公理和前提具有任意性质,演绎推理具有同义反复性质。它教导说,演绎法不能给我们有关现实的知识增添任何东西。演绎法只是明确说出了已经隐含在前提中的东西。由于这些前提仅仅是心灵的产物,而不是得自于经验,因而从前提推论出的东西根本无法描述宇宙的状况。逻辑学、数学和其他先验的演绎理论带给我们的,充其量不过是进行科学研究的方便的或顺手的工具。科学家必须承担的任务之一,便是为其工作从众多现有的逻辑学、几何学和代数学体系中,挑选出最便于其具体工作使用的体系。① 作为演绎体系起点的公理,都是任意选定的。它们不会告诉我们任何关于现实的事情。根本就没有先验地赋予人类心灵的所谓第一原理。② 这便是著名的"维也纳学派"以及当代另一些激进经验主义和逻辑实证主义学派的学说。

为了考察这种哲学,让我们看一看欧几里得几何学与引起这种争论的非欧几里得几何学之间的冲突。一个不容否认的事实是,按照欧几里得几何体系作出的工艺设计,它所带来的结果是与该体系得出的推论相一致的。建筑物不会倒塌,机器会像预期的那样运转。从事实际工作的工程师不会否认,这种几何学给予了他的工作以帮助,使真实外部世界的活动脱离了若没有他的干预本来会采取的运行路线,而使它们瞄准了他想要达到的目标。他必然会得出结论说,这种几何学尽管是建立在一些先验的观念之上,但却证实了有关现实和大自然的一些东西。实用主义者不得不承认,欧几里得几何学与实验性的自然科学提供的所有后验知识同样有效。我们不应忘记,实验室中的实验已经是以欧几里得几何学的有效性为先决条件,除此之外,我们还一定不要忘记,跨越哈德孙河的乔治·华盛顿大桥和许许多多其他桥梁起到了建设

---

① 参见路易·鲁吉耶:《论认知》(巴黎,1955年),第13页及以下各页。
② 同前书,第47页及以下各页。

者们想要它们起的作用,这不仅证实了物理学、化学和冶金学的实用性,而且也同样证实了欧几里得几何学的实用性。这意味着,作为欧几里得几何学起点的那些公理,说出了有关外部世界的某些东西,对于我们的心灵而言,这些东西的"真实性"肯定不比实验性的自然科学知识差。

先验论的批评者说,对于研究某些问题来说,求助于一种非欧几里得几何学,似乎要比求助于欧几里得几何学更加方便。赖辛巴赫*说,我们环境中的固体和光线,是遵循欧几里得几何学定律呈现出来的。但他补充说,这仅仅是"一个侥幸的经验事实"。在我们环境以外的空间,物质世界是遵循其他几何学呈现出来的。[③]这一点不容争辩,因为其他几何学的起点也是先验的公理,不是实验事实。泛经验主义者未能解释的是,从所谓任意的假设出发的演绎理论,何以能发挥有价值的、不可或缺的作用,使我们能正确地描述外部世界的状况和成功地应对外部世界。

赖辛巴赫提及的那个侥幸的经验事实是,人类心灵有能力提出一些理论,这些理论尽管是先验的,但却有助于建构各种后验的知识体系。逻辑学、数学和人类行动学虽说不是得自于经验,可也不是随意建构起来的,而是我们生活和活动于其中并想要对其进行研究的这个世界,强加给我们的。[④] 它们不是空洞的,不是没有

---

* Reichenbach(1891—1953 年),德国哲学家,逻辑实证主义的重要代表。——译者注

[③] 参见汉斯·赖辛巴赫:《科学哲学的兴起》(加利福尼亚大学出版社,1951 年),第 137 页。

[④] 参见莫里斯·科恩:《逻辑学绪言》(纽约,亨利·霍尔特公司,1944),第 44 页和第 92 页;米塞斯:《人类行动》,第 72—91 页。

第一章 人类心灵

意义的,也不仅仅是由词语构成的。对于人类而言,它们是有关这个宇宙的最普遍的规律,没有它们,人类就不会获得知识。

先验范畴是人类的先天禀赋,这种禀赋使人类得以获得了其特有的一切东西,并使人类区别于所有其他存在物。范畴分析是对人类境况和人在宇宙中的作用的分析。先验范畴是一种力量,这种力量使人类得以创造出和生产出了一切叫作人类文明的东西。

2. 关于先验范畴起源的假说

有了自然选择和演化的概念,便可以提出一种假说,来解释人类心灵的逻辑结构和先验范畴的出现。

动物受冲动和本能的驱使。有些物种中的一个体或整个物种,由于其本能不适于生存竞争,就在自然选择之下被消灭了。只有那些天生适于生存的个体或物种,才会存活下来并繁衍生息。

我们不妨假设,在人由非人的祖先进化到人类出现这一漫长的过程中,有若干种群高等类人猿,可以说是试验了不同于人类使用的范畴概念,试图用它们来指导自己的行为。但由于这样的假范畴不适应实际情况,因而行为如果用以它们为基础而进行的准推理作为指导,则必然失败,并给那些依此行事的类人猿招致灾祸。能够生存下来的,只是那些按照正确的范畴行动的种群。所谓正确的范畴,就是与现实相一致的,因而——用实用主义的概念来说——行得通的范畴。[5]

---

[5] 米塞斯:《人类行动》,第86页及其后各页。

然而，我们这样解释先验范畴的起源，并不能因此而把它们称为经验的沉淀物，亦即人类出现之前和逻辑出现之前的经验的沉淀物。⑥我们不应抹杀最终原因与没有最终原因之间的区别。

达尔文的自然选择概念，力图在不把最终目的当作自然现象的情况下解释种系变化。自然选择不仅在外部因素不进行有目的的干预的情况下起作用，而且在各种相关样本不做出有意行为的情况下也起作用。

这里的经验是指思维着和行动着的人的精神活动。在纯自然的因果关系链条中，我们无法为这种精神活动确定任何作用。从逻辑上说，谋划和没有谋划之间不可能作出妥协。一些灵长目动物，拥有有用的范畴而生存了下来，但它们能生存下来，不是因为它们经验到自己的范畴有用，于是坚守这些范畴。它们能生存下来，是因为它们没有采用会导致它们灭亡的另一些范畴。演化过程消灭了所有那些身体特性不适合在特定环境条件下生活的种群，同时也消灭了所有那些心灵对行为作出有害指导的种群。

先验范畴不是天生的观念。正常的——健康的——儿童从父母那里继承的不是范畴、观念或概念，而是人类心灵，人类心灵能够学习和形成观念，能够使他成为一个人，亦即能够使他像人那样行动。

无论我们如何思考这个问题，有一点是确定无疑的。那就是，既然源自人类心灵逻辑结构的先验范畴使人能够建立一些理论，

---

⑥ 正如 J. 班达在《理性主义的危机》（巴黎，1949 年）一书第 27 页及随后各页指出的那样。

而实际运用这些理论有助于他在生存斗争中不被打败，有助于达到他想要达到的各种目的，所以这些范畴也就提供了一些有关宇宙现实的信息。它们不仅仅是一些任意的假设，没有任何信息价值，也不仅仅是一些惯例，可以用另外一些惯例取而代之。它们是必要的精神工具，用于系统地整理感觉材料，把感觉材料转变为经验事实，然后把经验事实转变为建构理论的砖块，最后把理论转变为技术，用这些技术达到心中的目的。

动物也有感官；有些动物甚至能觉察到人感觉不到的刺激。动物之所以不能像人那样利用其感官的感知结果，并不是因为它们的感官低劣，而是因为它们没有人类的心灵，而人类心灵是有逻辑结构即先验范畴的。

理论之不同于历史，在于理论探寻事物之间不变的关系，亦即探寻连续不断的事件的规律性。在把认识论确立为知识理论时，哲学家隐含地假设或明确地说，在人的智力活动中，有某种保持不变的东西，亦即人类心灵的逻辑结构。

如果在人类心灵的活动中没有持久不变的东西，那就不会有任何知识理论，而只会有历史叙述，记录人们为获取知识而作出的各种尝试。认识论的情形，将与历史学的各个分支譬如所谓政治学的情形相类似。正如政治学只是记录人们过去在政治领域所做过或提出过的事情，而不知道如何讲述它所涉及的各种因素之间不变的关系，同样，认识论也将不得不只限于收集过去精神活动的历史资料而已。

人类心灵的逻辑结构，对于人类这一物种中的所有个体而言都是相同的，我们在强调这一点的时候，并不是想要说，我们所知道的这种人类心灵,是可以想象出来的最好的精神工具,或有史以来曾经有过的和未来可能出现的最好的精神工具。在认识论中,以及在所有其他科学中,我们讨论的既不是永恒,也不是没有任何迹象到达地球运行轨道的那部分宇宙的情况,亦不是未来亿万年可能发生的事情。在无限的宇宙中,或许某个地方有某种生物,其心灵比我们的心灵高级,正如我们的心灵远远超越昆虫的心灵那样。或许在某个地方将会有某种生物,他俯视我们的样子,正如我们俯视变形虫那样。但是,科学思维不能沉溺于这样的想象之中。它必然只考察现在的人类心灵可以理解的事物。

3. 先验知识

我们不能说先验知识是同义反复就抹杀它所具有的认知意义。从定义上说,同义反复必然是对先前已经说过的东西的同义反复,即再次陈述。如果我们认为欧几里得几何学是由同义反复构成的等级系统,那就可以说,毕达哥拉斯定理是同义反复,因为该定理只是表达出了已经蕴含在直角三角形定义中的东西。

但问题是,如果第二个命题(即被推导出来的命题),仅仅是第一个命题的同义反复,那么,我们是怎样得到第一个命题(即基本命题)的呢?就各种几何学而言,如今给出的答案要么是(a)借助于任意的选择,要么是(b)出于方便或适宜的考虑。这样的答案不适用于行动范畴。

我们也不能把行动概念解释为经验的沉淀物。有些不同于我们具体经验过的事情的东西,在经验之前也许是可以预料到的。

经验告诉我们一些我们以前不知道的事情,若没有经验,就不可能知道它们。但先验知识的特征则是,我们无法想象与先验知识相反的真理,无法想象与先验知识相矛盾的事情。先验知识所表达的东西,必然蕴含在有关所讨论的问题的每一个命题之中,必然蕴含在我们的一切思维和行动之中。

如果我们认为某一概念或某一命题是先验的,那么,我们就是想说:第一,否定该概念或命题是人类心灵不可想象的,是极其荒谬的;第二,该先验概念或命题必然蕴含在我们思考所有相关问题的精神活动中,亦即蕴含在我们对这些问题所作出的思考和行动中。

先验范畴是人的精神装备,借助于这种装备,人便能够思考,能够经验,从而能够获得知识。它们的真实性或有效性,不同于后验命题的真实性或有效性,既不能被证明,也不能被反驳,因为它们本身恰恰是使我们能够辨别真实性或有效性与否的工具。

我们所知道的,是我们的感官和我们的心灵的性质或结构使我们能够理解的东西。我们看到的现实,并不是现实本身,现实本身也许圆满的上帝才能看到,我们看到的,只是我们的心灵和我们的感官的特性使我们能够看到的现实。激进经验主义和实证主义不愿意承认这一点。按照它们的说法,现实与经验一样,会在人类心灵这张白纸上写下自己的故事。它们承认,我们的感官是不完善的,不能充分而真实地反映现实。但它们没有考察心灵的能力,看看它能否利用感觉提供的材料,如实地描绘现实。我们讨论先验知识,也就是在讨论那些使我们能够经验、能够学习、能够认知和能够行动的精神工具。我们讨论心灵的能力,也就是在讨论这

19

种能力的限度。

我们千万不要忘记,我们对宇宙现实的描绘,不仅受我们感官的制约,而且还受我们心灵结构的制约。我们不能排除这样的假说,即:有一些现实的特征是我们的心灵觉察不到的,但却能被具有更强大心灵的存在者觉察到,而且毫无疑问,能被圆满的上帝觉察到。我们一定要努力认识到我们心灵的独有特征和所受到的限制,以免陷于全知全能的幻觉。

现代实证主义的一些先驱者,抱有实证主义所特有的一种自负态度,这种态度最为露骨地表现在这样一句名言中:上帝是个数学家。人是终有一死的,其感官也显然是不完善的,既然如此,人怎么能够宣称其心灵可以像圆满的上帝那样构想宇宙呢?人如果没有数学工具提供的帮助,是无法分析现实的本质特征的。但圆满的上帝呢?

总之,浪费时间就先验知识展开争论,是完全没有必要的。谁都不否认,也不能否认,人类的推理和对知识的追求,离不开这些先验的概念、范畴和命题告诉我们的东西。不论是什么样的诡辩,都丝毫不会影响行动范畴对于人类学的一切问题、对于人类行动学、对于经济学和对于历史学所起的根本性作用。

4. 现实的先验表现

如果宇宙是混乱的,也就是说,如果各个事件的前后连续和相互联系毫无规律性可言,那么,人就不可能有思维和行动。在这样一个充满无限偶然性的世界上,什么都不会被理解,而只会有永不停息的千变万化。人就不可能预料任何事情。一切经验就会仅仅是历史性的，即对过去发生的事情的记录。就根本不可能根据过去的事件推知未来发生的事情。所以，人也就不会有行动。他充其量是个消极的旁观者，无法对未来作出任何安排，即便只是对迫在眼前的未来也无法作出任何安排。思维活动所取得的首要而基本的成就，就是察觉出作用于我们感官的各种外部现象之间具有不变的关系。一组事件以一定方式有规律地与另一些事件相关联，这组事件就叫作一个特殊事件，以区别于其他特殊事件。实验知识的起点是认识到，A 总是被 B 跟随着。利用这种知识产生 B，或避免 B 的出现，就叫作行动。行动的首要目标是产生 B，或阻止 B 的发生。

无论哲学家对因果关系有何种说法，事实都依然是，人们若不受因果关系的指引，便无法做出任何行动。我们也无法想象，有哪个心灵不知道因果关系。在这个意义上，我们便可以把因果关系称为范畴，或称为思维和行动的先验知识。

一个人若急于通过有目的的行为消除自己所感觉到的不快，那问题便是，为了得到确定的结果，必须在何处、在何时和以什么方式进行干预？认识到原因与结果之间的关系，是人在这个世界上确定行动方向的第一步，是人的活动取得成功所必须具备的理智条件。想要为因果关系这一范畴寻找到令人满意的逻辑基础、认识论基础或形而上学基础的一切尝试，都注定要失败。关于因果关系，我们所能说的仅仅是，它不仅对于人类思维来说是先验的，而且对于人类行动来说也是先验的。

一些杰出的哲学家试图为先验范畴即经验和思维的必要条

件,列出一个完整的表。如果我们认识到,任何一种解决方案都会给各个思想家的自由裁量留出宽广的余地,那我们就不会小瞧他们为分析先验范畴和使其系统化所作的各种尝试了。只有一点人们不会有丝毫异议,那就是,一切先验范畴都可以归纳为人的先验洞察力,亦即人洞察到了外部世界所有可以观察到的现象的连续发生具有规律性。在没有这种规律性的宇宙上,不会有任何思维,也不会经验到任何东西,因为经验是认识到所感知的东西是否有同一性;这是为事件分类而迈出的第一步。假如没有规律性,种类这一概念就会是空洞而无用的。

假如没有规律性,就不可能进行分类,不可能建构语言。所有词语表示的,都是一组一组有规律地联系在一起的感知行为,或这种感知行为之间的有规律的关系。物理学语言也是如此,而实证主义者却要把它提升至科学普适语言的地位。在一个没有规律性的世界上,根本不可能编制出"记录语句"。⑦ 即便能够编制出"记录语句",这种"记录语言"也不会是物理科学的起点。它表达的只不过是历史事实而已。

假如没有规律性,我们从经验中就什么也学不到。经验主义宣称经验是获取知识的主要工具时,隐含地承认了规律性和因果关系这些原理。经验主义者谈及经验时,其含义是:由于 A 过去被 B 跟随着,又由于我们假设,自然事件的相互联系和前后接续是有规律性的,因而我们可以预料,A 在未来也将被 B 跟随着。

---

⑦ 关于"记录语句",参阅卡尔纳普:"作为科学普适语言的物理学语言",载《认识》第 2 卷(1931 年),第 432 - 465 页,以及卡尔纳普:"关于记录语句",载《认识》第 3 卷(1932/1933 年),第 215 - 228 页。

由此可见，经验在自然事件领域的含义和在人类行动领域的含义，两者之间存在着根本性的差别。

5. 归纳法

推理必然总是演绎的。无论是谁，若试图表明或证明扩充性归纳的逻辑正当性，即用演绎法来解释归纳法，以此来为扩充性归纳作辩护，他都会隐含地承认这一点。经验主义的困境恰恰在于，它未能令人满意地解释，人们为何能根据观察到的事实推论出有关尚未观察到的事实的某些情况。

一切关于宇宙的知识，其先决条件和基础都是人们认识到，可以观察到的事件的前后接续和相互联系是有规律的。假如没有规律性，探求法则就将是徒劳的。归纳推理是从一些前提得出的结论，这些前提总是包含着规律性这一基本命题。

我们必须把扩充性归纳涉及的实际问题与逻辑问题明确区别开来，因为那些从事归纳推理的人面对的是如何正确取样的问题。从所观察到的个别案例或许多案例的无数特征中，我们是否选择了有助于产生相关结果的那些特征？在力图弄清实际情况的努力中，无论是日常生活中对真理的探求，还是系统的科学研究，其严重缺陷都是在作这种选择时犯的错误造成的。没有哪一个科学家会怀疑，在一个案例那里正确地观察到的东西，只要提供相同的条件，在其他案例那里也必然会观察到。在实验室做实验的目的是，在所有其他因素保持不变的条件下，观察只有一个因素发生变化时产生的结果。当然，这种实验的成败取决于能否控制实验过程中的所有条件。实验得出的结论并不依赖于实验过程能否重复，而是依赖于这样一个假设，即：在一个案例那里发生的事情，也必然会在所有其他相同种类的案例那里发生。若没有这一假设，我们便不可能从一个案例，或数不清的一系列案例中推论出任何东西。这个假设蕴含着规律性这一先验范畴。假如规律性这个范畴仅仅是个空洞无用的假设，那么，经验就总是过去事件的经验，不会告诉我们任何关于未来事件的事情。

泛物理主义者解决归纳问题的概率方法，若不借助于规律性这一范畴，也会失败的。如果我们不考虑是否有规律，那也就没有任何理由根据过去发生的事情，推论未来发生的事情。只要我们试图撇开规律性这个范畴，所有科学努力就会显得毫无用处，探求有关所谓自然规律的知识，也就毫无意义，枉费心机。自然科学所探究的，如果不是事件之流中的规律性，那又会是什么呢？

不过，逻辑实证主义的拥护者们却拒不承认规律性范畴。他们宣称，现代物理学得到的结果与普遍有效的规律学说是不相容的，现代物理学已证明，"学院派哲学"视为必然而不可抗拒的规律性表现出来的那些东西，不过是大量原子事件的产物。他们说，在微观领域，根本就没有什么规律性可言。宏观物理学惯常视为严格的规律性带来的所谓结果，不过是大量纯粹偶然的基本过程导致的结果。宏观物理学中的规律并不是严格的规律，而实际上是统计规律。微观领域的事件会导致在宏观领域产生这样一些事件：它们不同于宏观物理学的统计规律描述的事件，尽管他们承认，产生这种事件的概率很小。但是，他们坚称，人们只要承认这种可能性，也就不会再认为，宇宙中一切事件的前后接续和相互联系是有规律性的。必须抛弃规律性范畴和因果关系范畴,而代之以概率律。[8]

诚然,现代物理学家发现,他们不能把一些实体的行为说成是可以察觉的规律产生的结果。然而,科学并不是第一次遇到这样的问题。人类在探求知识时,必然总会遇到某些无法说明其原因的事物。科学中总有某种最终给定的东西。对当代物理学来说,看来原子的行为就是这种最终给定的东西。物理学家现在尚不知道如何解释某些原子过程。这便是通常所谓的无知,但人们并不会因此而贬低物理学取得的巨大成就。

在影响我们感官的多种多样令人眼花缭乱的外部刺激中,人类心灵之所以能够把握住自己,能够获得所谓的知识,能够发展自然科学,是因为它认识到,在这些事件的前后接续和相互联系中,有不变的规律性和一致性。诱使我们区分事物种类的标准,就是这些事物的行为。即使某一事物的行为(也就是对某一种刺激的反应)只在一方面不同于其他事物的行为,而在所有其他方面都一样,那也必须把它归于不同的种类。

我们可以看看分子和原子的行为。它们的行为要么是现实的原始要素,要么是现实的原始要素的衍生物,由此导致产生了概率学说。我们究竟是选择分子还是原子,这并不重要,因为它们的行为都是其本身性质的结果。(更为正确地说,正是它们的行为,构成了我们所称的它们的性质。)正如我们所看得的,分子和原子有不同的种类。它们是不一样的;我们所谓的分子和原子,是由一些

---

[8] 参见赖辛巴赫:前引书,第157页及随后各页。

不同的子团构成的团,每个子团的成员,其行为在某些方面不同于其他子团的成员。如果各种子团成员的行为发生了变化,如果子团成员的数目分配发生了变化,那么,分子团和原子团所有成员的行为产生的共同结果也会发生变化。这种共同结果取决于两个因素:一是各种子团成员的具体行为,二是子团成员的多少。

如果概率归纳学说的支持者承认,存在着各种微观实体的子团,他们就会认识到,这些实体的运动产生的共同结果,是带来了宏观学说所谓的不允许有例外的规律。他们就不得不承认,我们如今还不知道,为什么子团之间在某些方面是不同的,为何在各种子团成员的相互作用之下,会在宏观领域产生特定的共同结果。他们没有这么做,反而武断认为,单个分子和原子具有选择各种行为方式的能力。从本质上说,他们的学说与原始的万物有灵论没有什么不同。原始人认为,河流的"灵魂"拥有在以下两者之间作出选择的能力,一是在其固有的河床中静静地流动,二是泛滥到邻近的田野,与此相同,概率归纳学说的支持者也相信,这些微观实体也可以自由地决定其行为的某些特征,例如其运动的速度和路径。按照他们的哲学,这意味着,这些微观实体与人完全一样,是行动着的存在者。

但是,即便我们接受这种解释,我们也一定不要忘记,人类行动完全是由个人的生理特征和个人心灵中活动的全部观念决定的。由于我们没有任何理由假设,这些微观实体天生拥有能够产生观念的心灵,因而我们也就必须假设,它们所谓的选择必然与其物理和化学结构相一致。在一定环境和条件下,单个原子或分子会完全按照其结构的命令行为。严格说来,其运动的速度和路径,

第一章 人类心灵

以及它对所遇到的外部因素作出的反应,是由其自身的性质和结构决定的。如果我们不接受这种解释,我们就会沉迷于这样一种形而上学的假设,即:这些分子和原子拥有自由意志,就像最为激进和天真的非决定论认为人具有自由意志那样。

伯特兰·罗素试图说明这个问题时,把量子力学与原子行为的关系比作铁路公司与乘客的关系。帕丁顿车站的售票员只要愿意,就可以发现从该站上车的旅客,有多大的比例前往伯明翰,有多大的比例前往埃克塞特,等等,但他不会知道每一位旅客前往不同地点的原因。然而,罗素不得不承认,这种比喻并不"完全恰当",因为售票员可以在业余时间弄清旅客买票时未提及的出行原因,而物理学家在观察原子时却不享有这样的有利条件。[9]

罗素所作的这一推理的特点是,他借助于一个低级职员的心灵,举例说明了自己的观点,这个职员被指派一成不变地从事严格限定的简单工作。这样一个人(其工作也可以由自动售货机来做)若思考超越其狭窄职责范围以外的事情,是毫无用处的。而对于倡议建设这条铁路的发起人来说,对于投资于这家铁路公司的资本家来说,对于管理其运营的经理来说,牵涉的问题就完全不一样了。他们建设和运营这条铁路,是因为他们预计,有一些原因会诱使许多人经常从这条铁路的这一站前往另一站。他们知道哪些条件决定了这些人的行为,也知道这些条件正在发生变化,因而他们积极影响这些变化的程度和方向,以保持和增加乘客的数量和企业的收入。他们的经营行为,丝毫也不依赖于是否存在一条神秘

---

[9] 罗素:《宗教与科学》(伦敦:霍姆大学图书馆,1936年),第152页及随后各页。

的"统计规律",而是受他们的洞察力的指引,他们看出,许多人对铁路有潜在的需求,创办一家铁路公司满足这种需求是有利可图的。他们也充分意识到,他们能够销售出去的服务数量,有可能会大幅减少,以致他们不得不关门停业。

伯特兰·罗素以及所有其他求助于所谓"统计规律"的实证主义者,在谈论有关人的统计资料时都犯了一个严重错误,那就是,有关人的行动事实的统计资料,不同于有关人的生理事实的统计资料。他们没有考虑到,有关人的所有统计数字是不断变化的,有时变化得快些,有时变化得慢些。在人对事物作出的评价中,从而在人的行动中,根本就不存在自然科学领域中的那种规律性。人的行为受动机的指引,因而与过去打交道的历史学家以及专注于预测未来的企业家,都必须努力"了解"这种行为。[10]

如果历史学家和行动着的个人不能运用这种对人类行为的具体了解,如果自然科学和行动着的个人不能在某种程度上意识到,自然事件的相互联系和前后接续具有规律性,那么,宇宙对于他们来说,就会显得一片混乱,难以理解,他们也就设计不出任何什么手段来达到自己的目的。也就不会有任何推理、任何知识或任何科学,人也就不会为了某种目的去影响环境。

自然科学之所以可能存在,只是因为外部事件的前后接续具有规律性。当然,人对宇宙结构的了解是有限度的。宇宙中有观察不到的东西,还有一些关系是科学到目前为止无法予以解释的。

---

[10] 关于这里所说的"了解",参见下面第48页及随后各页。(页码指原书页码,请参见本书边码。下同。——译者注)

但意识到这些事实,并没有证明规律性范畴和因果关系范畴是假的。

6. 概率经验主义的自相矛盾

经验主义宣称,经验是人类知识的唯一来源,并将那种认为一切经验都以先验范畴为先决条件的看法,斥之为形而上学的偏见。经验主义从其所采用的经验主义方法入手,假定人从未经验过的事件是有可能存在的。于是,我们被告知,物理学不能排除这样的可能性:"你把一块冰放入一杯水里,水便沸腾起来,冰块则变得硬邦邦的,就像放在冷藏柜中那样。"⑪

不过,这种新经验主义在运用其学说时,却远非是始终如一的。如果自然界中没有规律性,各种事物和事件之间也就不会有区别。如果我们把一些分子叫作氧,把另一些分子叫作氢,那就意味着,前一类别中每个分子的行为,不同于后一类别中每一分子的行为。如果我们假设,某一分子的行为偏离了其他分子的行为,那我们就必须把它归于特殊的类别,或者我们必须假设,它的偏离是由某种东西的干扰引起的,而同一类别中的其他分子没有受到这种干扰。如果我们说,我们不能排除这样的可能性:"有一天,由于纯粹的偶然,我们屋子里空气中的分子排列成了这样一种有秩序的状态,氧分子聚集在屋子的一边,氢分子聚集在另一边,"⑫那就

---

⑪ 参见赖辛巴赫:前引书,第162页。
⑫ 同上,第161页。

意味着,无论是在氧和氢的性质当中,还是在它们所处的环境当中,都没有任何东西决定它们在空气中的分布。也就是假设,各个分子的行为在所有其他方面是由其结构决定的,但它们却可以"自由地"选择自己所在的位置。也就是极其武断地假设,分子的特征之一,即它们的运动,是不被决定的,而它们的所有其他特征则是被决定的。那也就意味着,分子的性质中有某种东西,有人或许说在它们的"灵魂"中有某种东西,赋予了它们"选择"漫游路径的能力。人们未认识到,对分子行为的完整描述,应该也包括其运动,包括使氧分子和氢分子在空气中相互结合的过程。

假如赖辛巴赫生活在术士和巫医横行的时代,他一定会这样说:有些人得了一种疾病,表现出一定的症状,因此而死了;另一些人则健康地活着。我们不知道是什么因素导致了患病者的死亡,也不知道是什么因素使另一些人具有免疫力。很显然,如果我们抱着迷信的因果概念不放,那就无法科学地解释这种现象。关于这些现象,我们所能够知道的就仅仅是"统计规律",即人口的百分之几患了这种病,其余的人没有患病。

7. 唯物主义

我们必须把宿命论与唯物主义明确区别开来。唯物主义宣称,引起变化的因素,只是那些可以用自然科学的方法进行研究的因素。它并不一定否认,人的观念、价值判断和意志也是真实的,也会引起一定的变化。但是,就它不否认这一点而言,它是说,这些观念性因素是外部事件的必然结果,外部事件会在人的身体结构内引发一定的反应。只是由于现在的自然科学尚不完备，我们才无法把人类心灵的所有表现归因于带来这些表现的物质事件，而所谓物质事件就是物理、化学、生物和生理事件。他们说，更为完备的知识将告诉人们，物质因素是如何必然地在穆罕默德这个人那里产生伊斯兰教的，是如何必然地在笛卡尔这个人那里产生坐标几何学的，是如何必然地在拉辛这个人那里产生《费得拉》这个悲剧的。

一种学说若只是确立了一个纲领，而没有说明如何实施该纲领，那么，与这种学说的支持者展开争论是毫无用处的。我们能够做的和必须做的是，揭露其倡导者是如何自相矛盾的，以及如果一以贯之地运用该学说必然会带来什么后果。

如果对于每种观念的出现，都得像对于所有其他自然事件的出现那样来处理，那也就不再能够区分真命题和假命题。于是，笛卡尔提出的那些定理与一个愚钝的学位候选人彼得在考卷中所作的拙劣回答相比，就没有好坏之分了。物质因素不会被弄错。它们在笛卡尔这个人那里产生了坐标几何学，在彼得这个人那里产生了某种被他的老师——这位老师尚未受到唯物主义福音的启迪——认为是胡说八道的东西。但是，究竟是什么使这个老师有权对事物的性质作出评判？唯物主义哲学家又凭什么谴责物质因素在唯心主义哲学家的身体中产生的东西？

实用主义对有用的和没有用的作了区分。唯物主义者若求助于这种区分，那是徒劳无益的，因为这种区分把一个与自然科学格格不入的因素引入了推理链条，即目的。如果受一种学说或主张指引的行为实现了想要达到的目的，那么该学说或主张就是有用的。但是,目的的选择是由观念决定的,这种选择本身是精神事实。判断是否达到了所选择的目的,也是精神事实。唯物主义若是一以贯之的,那它是不可能把有目的的行动与像植物那样的生存区别开来的。

唯物主义者认为,他们的学说只是消除了道德上的好与坏的区别。他们未看出,他们的学说还消除了真与假的区别,从而使一切精神活动丧失了意义。如果在外部世界的"真实事物"与精神活动之间,没有任何东西可以看作是从本质上不同于传统自然科学描述的那些力量所起的作用,则我们就必须像对待自然事件那样,忍受这些精神现象。一种学说若宣称,思想与大脑的关系宛如胆汁与肝脏的关系,[13]那它将不能区分观念的真与假,就如同它不能区分胆汁的真与假那样。

8. 唯物主义哲学的荒谬可笑

唯物主义在解释现实的时候,遇到了一些无法克服的困难。我们分析一下最为流行的唯物主义哲学即马克思的辩证唯物主义,就可以证明这一点。

当然,所谓的辩证唯物主义并不是真正的唯物主义。在其理论脉络中,引起人类历史上一切意识形态和社会条件变化的,是"物质生产力"。无论是马克思还是他的追随者,都没有界定这个

---

[13] 卡尔·福格特:《迷信与科学》(第2版;吉森,1855年),第32页。

术语。但从他们列举的所有例子来看,我们不得不说,他们心中想的是人们在生产活动中使用的工具、机器和其他人造物。可是,这些工具本身并不是最终的物质,而是有目的的精神过程的产物。⑭然而,只有马克思主义试图把一种唯物主义的或准唯物主义的学说扩展至对一种形而上学原则的单纯阐明以外,并试图据此推论出人类心灵的所有其他表现。因此,如果我们想指出唯物主义的根本缺陷,我们就必须谈论它。

在马克思看来,物质生产力——与人们的意志无关——产生了"生产关系",即财产法这一社会制度,以及它们的"意识形态上层建筑",即司法的、政治的、宗教的、艺术的或哲学的观念。⑮ 在这种图式中,行动和意志被归因于物质生产力。物质生产力想要达到一定的目标,即它们想要从阻碍其发展的束缚中解放出来。如果人们以为是他们自己在思考,在作价值判断,在行动,那就错了。实际上,人们的观念、意志和行动是由生产关系决定的,而生产关系则是当时的物质生产力带来的必然结果。所有历史变革最终都是由物质生产力的变化引起的,而物质生产力的变化——正如马克思所隐含地假设的那样——则与人的影响无关。人的一切观念都是物质生产力的适当上层建筑。物质生产力的终极目标是建立社会主义,这种转变必然会到来,这是"一条不可抗拒的自然规律"。

现在,为论证起见,让我们姑且承认,物质生产力有一种性格,

---

⑭ 参见米塞斯:《理论与历史》,第 108 页及随后各页。
⑮ 参见卡尔·马克思:《政治经济学批判》,考斯基编(斯图加特,1897 年),第 x - xii 页。

这种性格使物质生产力不断努力摆脱阻碍其发展的束缚。但是,我们要问,从这些努力当中,为什么首先必然会出现资本主义,然后在其发展的随后阶段,会出现社会主义呢?难道是物质生产力反思了自己遇到的问题,最终得出结论,现存的生产关系,原本是其自己(即生产力)发展的形式,现在已变成了束缚,⑯因而已不再适应它们(即生产力)发展的现阶段了吗?⑰难道是它们基于这种洞见,决心"冲破"这种束缚,于是采取行动的吗?难道是它们决定要用新的生产关系取代被冲破的生产关系的吗?

将这样的思想与行动归因于物质生产力,太荒谬可笑了,以至于马克思本人也不怎么重视自己的这一著名学说,于是后来他在其主要论著《资本论》中对社会主义的到来作了更为具体的预言。他在此书中不仅提及了物质生产力的行动,还谈到了无产阶级大众,他们不满意于据说是资本主义带给他们的越来越贫困的状况,致力于建立社会主义,原因显然是他们认为,社会主义是一种更加令人满意的制度。⑱

每一种唯物主义的或准唯物主义的形而上学,都必然要把一个没有生命的因素转变成一个类似于人的东西,并认为它有能力思考,作出价值判断,选择目的和运用手段达到选定的目的。也就是必然要把人所特有的行动能力转移给一个非人的实体,隐含地赋予它人的智力和辨别力。谁都无法把人的心灵从对宇宙的分析

---

⑯ 马克思:前引书,第 xi 页。
⑰ 马克思和恩格斯:《共产党宣言》,第Ⅰ章。
⑱ 马克思:《资本论》(第 7 版;汉堡,1914 年),第 1 卷,第 24 章,第 728 页。对于这种论证的批判性分析,参见米塞斯:《理论与历史》,第 102 页及随后各页。

中剔除出去。凡是企图做到这一点的人，不过是在用自己虚构的一个幽灵来代替现实而已。

从他所讲的唯物主义的观点来看——以及就此而言，从一切唯物主义学说的观点来看，马克思没有权利把他所反对的那些人提出的学说斥为错误的学说。他所宣扬的唯物主义本应使他冷漠地接受任何意见，使他对每一个人提出的每一种思想都一视同仁。为了避免得出这样一种自我拆台的结论，马克思求助于他的历史哲学。他宣称，凭借别人得不到的神宠，他获得了神启，知道历史必然会采取什么进程。历史将走向社会主义。历史的意义，亦即创造人所要达到的目的(他并没有说明是谁创造了人)，就是实现社会主义。凡是没有得到这一神启的人或固执地不相信这一神启的人，其思想都没有给予关注的必要。

认识论从这种状况中应当了解到的事情是：假如有哪种学说教导我们说，某种"真实的"或"外部的"力量把自己的故事书写在了人类心灵上，因而试图把人类心灵变为一种工具，这种工具能像消化器官消化食物那样，将"现实"转变为观念，那么，这种学说也就不知道如何区分什么是真实的和什么是不真实的。它若想避免陷入那种无法辨别观念真伪的极端怀疑主义，所能采用的唯一方法，就是把人分为"好"人和"坏"人。"好"人具有这样一种判断能力，此种能力作出的判断不会有悖于那种支配着宇宙全部事务的神秘的超人力量。"坏"人则不具有这种能力。此种学说必然认为，想要通过说理和劝说来改变"坏"人的想法，那是毫无希望的。要想结束各种对立思想的冲突，唯一的办法就是消灭"坏"人，也就是那些持有与"好"人不同看法的人。因此，唯物主义最终对付不同意见的方法,与各国暴君一向采用的方法没有什么两样。

认识论在证明这一事实的过程中,为了解我们时代的历史提供了一个线索。

第二章 知识的行动主义基础

1. 人与行动

人的特征是行动。人总是致力于改变其环境的某些方面，以便用更加适合于自己的状况取代不那么适合自己的状况。人不同于他所知道的所有其他生物和事物，这种不同在其生命和行为中的全部表现，就是人能行动，因而人可以从我们所谓的行动主义的观点来探究。对人的研究，就其有别于生物学而言，应以研究人的行动始，以研究人的行动终。

行动是有目的的行为。行动不仅仅是行为，而且是由价值判断引发的行为，致力于达到一定的目的，并由观念所指引，以判断一定的手段是合适还是不合适。若没有因果关系和目的这些范畴，也就不可能探究人的行动。行动是有意识的行为。行动在不断作出选择。行动是意志，是意志的展现。

行动有时被视为一切生物共有的生存斗争中属于人的那种生存斗争。然而，"生存斗争"这个词运用于动物和植物时，只是一种比喻。若想从这种运用中推论出什么东西，那就错了。从字面上把斗争这个词运用于动物和植物时，人们会认为，它们有能力意识到那些威胁其生存的因素,有意志来保持自身完整性,有精神能力来找到维持自身生存的手段。

从行动主义的观点看,知识是行动的工具,其功用是告诉人们如何消除不安。人类从石器时代进化到了现代资本主义时代,但即使在较高级的进化时代,人们也仅仅会由于对大自然和万物的意义普遍无知,而感到忧虑不安,不管有关这些目的的知识对于技术性的规划是否有实际的用处。生活在一个我们对其最终的真实结构不熟悉的宇宙中,这本身就会使人产生一种不安的情绪。从远古时代起,消除这种不安和使人们对目的有把握,就一直是宗教和形而上学关心的事情。后来,启蒙运动信奉的哲学和与该运动相关联的各个学派承诺,自然科学会解决上述一切问题。不管怎么说,事实是,探究事物的来源和本质,探究人性和探究人在宇宙中的作用,是许多人热衷的事情之一。从这一角度看,对知识的纯粹追求,尽管并非是受到想要改善外部生活条件的愿望的激励,但也是行动,亦即是一种为了获得更加合意的状况所付出的努力。

另一个问题是,人类心灵是否适合于全面解决有关的问题。有人会说,理性的生物学功能是帮助人进行生存斗争和消除不安。据说,一旦超越了这种功能划出的界限,就会陷入古怪的、形而上学的思辨,这种思辨既不能被证明,也不能被证伪。人永远也不可能全知全能。对真理的每一探求,或迟或早都必然会走向一个最终的给定之物,这是不可避免的结局。①

行动范畴是人类知识的根本性范畴。它涉及所有逻辑范畴以

---

① 参见下文,第 53 页。

及规律性和因果关系范畴。它还涉及时间范畴和价值范畴。它包含人类生活特有的全部表现，这些表现不同于人跟所有其他动物共同具有的生理结构的表现。在行动时，每个人的心灵都认为自己不同于周围的环境即外部世界，试图研究外部环境，以影响外部环境中事情的发生进程。

2. 目的因

将人的行动领域与自然科学研究的外部事件领域区分开来的，是目的因范畴。我们不知道，在我们所谓的自然界中，是不是有目的因在起作用。但我们知道，人致力于达到所选定的一定目的。在自然科学中，我们探究各种事件之间不变的关系。研究人的行动时，我们探究行动者现在或过去想要达到的目的，探究他的行动已经带来的或将会带来的结果。

把现实领域与人的行动领域明确区分开来，是走到一段漫长的道路之后所取得的成就。人对于现实的了解只不过是，各种事件的相互联系和前后接续具有规律性；而在人的行动领域，人作出有目的的努力，力求达到选定的目的。人本身是一种行动的存在物，因而最初倾向于把一切事件解释为各种存在物的行动的表现，并且认为，从本质上说，这些存在物的行动方式与人没有什么两样。万物有灵论认为，宇宙万物都具有行动的能力。即便经验使人们放弃了这种信念，人们依然认为，上帝或大自然的行动方式与人是一样的。现代自然科学的基础之一，就是从这种拟人说之下解放出来。

实证主义哲学如今也自称为科学哲学。它认为,自然科学对目的论的这种否定意味着,所有神学理论以及人类行动科学理论都遭到了驳斥。它宣称,自然科学可以解决所有的"宇宙之谜",可以为困扰着人类的所有问题提供所谓的科学解答。

然而,自然科学并没有为澄清宗教力图解决的那些问题作出任何贡献,也不可能作出任何贡献。天真的拟人说把至高无上的存在物想象成一个独裁者或一个钟表匠;否定这种学说,是神学和形而上学的功绩。另一种学说认为,上帝与人完全不同,他的本质和本性不可能被终有一死的人所理解;对于这种学说,自然科学和从自然科学衍生出来的哲学,没有什么可说的。超验之物超出了物理学和生理学传递信息的范围。逻辑学既不能证明也不能证伪宗教学说的核心内容。科学——且莫说历史——在这方面所能做的,仅仅是揭露类似于巫术的、盲目崇拜的迷信和习惯做法的荒谬而已。

实证主义否认,人类行动科学及其目的因范畴具有自律性,这也就宣告了一个形而上学的假设,但实证主义却无法用自然科学的实验方法所取得的研究结果来证实这个假设。把自然科学用于研究老鼠或铁的方法,也用于描述人的行为,这可是一种不花钱的消遣。相同的外部事件,会在不同的人那里和在不同时间的相同的人那里,引发不同的反应。自然科学面对这种"无规律性"是无能为力的。自然科学的研究方法只能对付有规律的事件。而且,在自然科学中,意义、评价和目的等概念是没有立足之地的。

3. 价值判断

价值判断是人对其环境的各种状况作出的情感反应，在这里，既有外部世界的状况，也有其自己身体的生理状况。按照乐观主义者的说法，人会辨别好与不好，按照悲观主义者的说法，人会辨别大恶和小恶。当人相信采取行动会使好的状况取代不好的状况时，人便会行动起来。

自然科学的方法和认识论原则之所以不能运用于人类行动问题，是因为这些科学没有处理价值判断的工具。在自然科学研究的那些现象的领域，大凡有目的的行为，均无立足之地。物理学家自身及其物理学研究工作，都是他研究范围以外的实体。价值判断无法被实验者的观察态度所察觉，亦无法用物理学语言中的记录语句来描述。可是从自然科学的观点看，价值判断也是真实的现象，因为它们在产生一定的物理现象的事件链条中，是一个必要的环节。

今天的物理学家会嘲笑那种把某些现象归因于厌恶真空[*]的学说。但他没有认识到，泛物理主义的假设也同样可笑。如果绝口不提价值判断，那就无法谈论人的行动，亦即无法谈论所有那些不仅仅是在人身体中完成生理过程的行为。

---

[*] *horror vacui*，中世纪拉丁语，被认为是大自然的一个特性。——译者注

4. 统一科学的妄想

形形色色的实证主义都致力于堵住人类行动科学的嘴。为论证的方便起见,我们暂且不去分析实证主义对于自然科学的方法论,作出的那些具有独创性的且稳妥而合理的贡献。我们也没有必要多讲,实证主义者出于何种动机那么慷慨激昂地攻击经济学和历史学的"非科学方法"。他们在鼓吹进行特定的政治改革、经济改革和文化改革,认为这些改革将拯救人类,并带来永恒的幸福。他们无法驳倒经济学家对他们的空想计划进行的毁灭性批评,于是就想消灭这门"沉闷的科学"。

"科学"一词是否应该仅仅用于自然科学,还是也能用于人类行动学和历史学,这只是一个语言学上的问题,其解决方法因各种语言的习惯用法而异。在英语中,对许多人来说,科学一词仅仅指自然科学。② 在德国,人们习惯上说 Geschichtswissenschaft[史学],并把史学的各个分支称为 Wissenschaft[科学],如 Literaturwissenschaft[文学]、Sprachwissenschaft[语言学]、Kunstwissenschaft[艺术科学]、Kriegswissenschaft[战争科学]。我们不妨把这个问题仅仅看作对词语的无谓争论,而暂且不予考虑。

---

② R.G.柯林武德(《历史的观念》,[牛津,1946 年],第 249 页)说:"有一种俚语上的用法,例如'厅'就指音乐厅,'影'就指电影,因而'科学'也就指自然科学。"但是,"在欧洲语言的传统中,……一直延续到今天,'科学'一词则指任何有组织的知识总体。"关于"科学"一词在法语中的用法,参见拉朗德:《哲学术语和哲学批判》(第 5 版:巴黎,1947 年),第 933 - 940 页。

第二章　知识的行动主义基础

奥古斯特·孔德创立了一种经验社会学,认为这种社会学应仿效经典物理学,研究社会规律和社会事实。孔德的许许多多信徒称自己为社会学家,把自己出版的著作称作对社会学作出的贡献。其实他们研究的,只不过是迄今为止或多或少被人们忽略的一些历史章节,而且总的来说,所采用的是历史学和人种学成熟的研究方法。他们在自己著作的标题中是否提到了他们所研究的时期和地理区域,这无关紧要。他们的"经验"研究必然涉及一定的历史时代,描述该时代出现、变化和消失的各种现象。自然科学的方法之所以不能运用于人的行为,是因为这种行为——且不说使其成为人类行动的那些因素,因而应该由人类行动学来加以研究——缺少自然科学领域中那些事件所具有的特点,即规律性。

被大肆宣扬的"统一科学"的纲领,其背后有一些形而上学的观念,我们无法通过推理证实或否定这些观念。逻辑实证主义、泛物理主义和不容异说的经验主义的圣经《统一科学国际百科全书》,阐明了统一科学的纲领。十分吊诡的是,这些学说虽然起点都是否定历史,可又要求我们把所有的事件都看作是整部宇宙史的题材的一部分。按照他们的说法,关于各种自然事件,例如钠和杠杆的行为,我们所知道的东西,只是在我们自己和前几代科学家所生活的这段宇宙史的时期中是有效的。没有任何理由把"任何种类的普遍性"赋予化学和力学陈述,而不把这些陈述视为历史陈述。[③] 从这种观点来看,自然科学就变成了宇宙史的一章。于是,

---

[③] 奥图·纽拉特:《社会科学的基础》(《统一科学国际百科全书》,第2卷,第1册[第3次印刷;芝加哥大学出版社,1952年]),第9页。

物理主义和宇宙史之间就没有冲突了。

我们必须承认,在我们所生活的这个时期叫作自然科学的那些陈述,在宇宙史的某一时期将不再是有效的,而且我们对该时期的状况将一无所知。谈到科学与知识,我们心中想的,仅仅是我们的生活、思想和行动允许我们探究的情形。对于我们来说,超出这个——或许暂时被限定的——范围,便是未知的和不可知的领域。宇宙的这一部分对我们那喜欢探索的心灵是敞开的:在那里,在各种事件的前后接续和相互联系中是二元性占据支配地位。一方面是外部事件领域,关于外部事件,我们所能知道的仅仅是,它们之间是相互不变的关系占支配地位;另一方面是人的行动领域,关于人的行动,若不求助于目的因范畴,我们就无法知道任何东西。所有忽视这种二元性的企图,都是受了武断的形而上学偏见的支配,所得出的结论都是胡说八道,对实际行动毫无用处。

在我们所处的环境中,钠的行为和在自己的著作中提到钠的化学家的行为,两者之间是有差别的。这种差别不会仅仅由于在宇宙史的过去或未来可能有一个我们对其一无所知的时期,而被消除。我们的全部知识必须考虑到这样一个事实,即:关于钠,我们对指引其行为的目的因一无所知,但我们知道,人,譬如在撰写有关钠的论文时,是有一定的目的的。行为主义[4]试图根据刺激—反应模式来研究人的行动,可悲的是,这种做法已失败了。如果不涉及行动者在刺激中以及在他的反应所力图达到的目的中看到的意义,就无法描述人的行动。

---

[4] 同前引书,第17页。

我们也知道，如今齐聚在统一科学这一名称之下的所有时髦学说的鼓吹者，是有其自己的目的的。他们被独裁情结所驱使。他们想要像工程师对待用以建造房屋、桥梁和机器的材料那样，对待他们的同胞。他们想要用社会工程取代其同胞的行动，用他们自己的独出心裁的、囊括一切的计划取代所有其他人的计划。他们俨然以独裁者——领袖、元首、沙皇——自居，所有其他人都只不过是任由他们摆布的棋子而已。即便他们把社会称为行动者，行动者也是他们自己。即便他们说应该用有意识的社会行动取代个人主义的无政府状态，那也指的仅仅是他们自己的意识，而不是任何其他人的意识。

5. 人类行动科学的两个分支

人类行动科学有两个分支，一个是人类行动学，一个是史学。

人类行动学是先验的。它的起点是行动这一先验范畴，从这个范畴发展出了它所包含的全部内容。其实，人类行动学通常并不过多地关注那些对于研究人的实际行动毫无用处的问题，而只探究那些对于阐明现实状况必不可少的问题。其志趣是，研究行动着的人在其不得不面对的情况下所采取的行动。这并没有改变人类行动学的纯粹先验性，而只是限定了各个人类行动学家所选择的研究范围。他们谈及经验，只是为了把两类问题区分开来：一类问题与研究实际的人和行动有关，另一类问题则只具有学术上的意义。人类行动学的某一定理是否适用于某一行动问题，取决于该定理所包含的特殊假设对于认识现实是否有价值。当然，这不取决于这些假设是否与人类行动学家想要考察的实际状况相一致。人类行动学的主要——或像一些人所说的,唯一——精神工具,是一些想象出来的构架,这些构架描述的状况,绝不会在实际行动中出现。可它们对于构想实际状况却是必不可少的。有一些人极为固执地从经验主义角度解释经济学的方法,但即便是这些人也要运用平稳运转的经济(即静态均衡)这样一种假想的架构,尽管绝不可能实现人类事务的这种状况。⑤

一些哲学家跟随康德的分析,提出了这样的问题:人类心灵何以能凭借先验思维探究外部世界的现实?就人类行动学而言,回答这个问题很容易。不论是先验思维和推理,还是人类行动,都是人类心灵的表现。人类心灵的逻辑结构创造了实际行动。理性和行动既是同源的,也是同质的,是同一现象的两个方面。从这个意义上说,我们可以把恩培多克勒的名言"相同事物的知识来自于相同事物",*运用于人类行动学。

还有一些作家提出了这样一个相当肤浅的问题:人类行动学家对于与其先验学说的定理相抵触的经验,会作何反应。我的回答是,他的反应会类似于数学家对下面这种"经验"作出的反应,即两个苹果与七个苹果没有什么区别,或类似于逻辑学家对下面这种"经验"作出的反应,即 A 与非 A 是一样的。关于人类行动的经验,都是以人类行动范畴以及由此推演出来的一切为先决条件的。我们若不求助于人类行动学的先验范畴体系,就无法谈论行动,而

---

⑤ 米塞斯:《人类行动》,第 237 页及随后各页。

* 这句话实际上出自亚里士多德,他是在谈论恩培多克勒时说这句话的,见《形而上学》和《论灵魂》(珀杜大学帕特里夏·柯德译)。——译者注

第二章 知识的行动主义基础

只能谈论应该用自然科学的语言加以描述的事件。能否察觉与人类行动学相关的那些问题,取决于是否熟悉人类行动学的各个先验范畴。我们还可以附带地说,人类行动领域中的任何经验,都是特殊的历史经验,亦即复杂现象的经验,此种经验绝对无法像实验室的实验可以证伪自然科学的陈述那样,证伪人类行动学的任何定理。

截至目前,已经发展成为科学体系的人类行动学的唯一部分,是经济学。波兰哲学家塔杜斯·科塔宾斯基正努力发展人类行动学的一个新分支,即冲突和战争人类行动学理论,此种理论是与合作理论或经济学相对立的。⑥

人类行动科学的另一分支是史学。史学涵盖了涉及人类行动的全部经验,是对人类行动的井井有条的记录,亦即对过去发生的各种人类行动现象的描述。历史描述区别于自然科学描述的地方是,不能用规律性范畴解释前者。当物理学家说:若 A 遇到 B,便有 C,那么,不管哲学家会说些什么,物理学家想要说的都是,无论在什么时候或什么地方,只要 A 在相同条件下遇到 B,都会出现 C。当历史学家谈到坎尼战役*时,他知道自己在谈论过去的事,这场特殊的战役绝不会再打了。

---

⑥ T.科塔宾斯基:"论战斗的一般理论",见《斗争的一般理论》(*Z Zagadnien Ogólnej Teorii Walki*)附录(华沙,1938 年),65 - 92 页;同一作者:"普通人类行动学的方法论观念",见《第九届国际哲学大会论文集》(巴黎,1937 年),第 4 卷,第 190 - 194 页。博弈论丝毫未提及行动理论。当然,进行博弈是行动,但抽烟或嚼三明治也是行动。参见下文,第 87 页及随后各页。

* Cannae,意大利古城。公元前 216 年著名的坎尼战役爆发于此,是役汉尼拔率军击溃罗马人。——译者注经验是一种划一的精神活动。经验没有两个不同的分支，一个属于自然科学，一个属于历史研究。每一个经验行动，都是借助于观察者的逻辑的和人类行动学的装备和他的自然科学知识，对所发生的事情的描述。是观察者的态度，通过把新经验添加到自己先前已经积累的经验事实之上，在解释新经验。历史学家的经验与博物学家和物理学家的经验的不同之处是，历史学家探寻某一事件具有的意义，或该事件对于那些促成该事件发生的人或受其影响的人所具有的意义。

自然科学对目的因一无所知。对于人类行动学而言，目的因是根本性范畴。但人类行动学把人们力求达到的目的的具体内容抽象化了。探究具体目的的是史学。史学探究的主要问题是，行动者对于自己所处的境况赋予了何种意义？他们作出的反应具有何种意义？以及最后，这些反应带来了何种结果？史学的自律，或者说各门历史学科的自律在于，献身于探究意义。

也许有必要再强调一下：历史学家谈论意义的时候，指的是一些个人——行动者自己和那些受行动影响的人或历史学家——在行动中看到的意义。历史本身与历史哲学的观点毫无共同之处，历史哲学自称知道上帝或准上帝——譬如，马克思理论中的物质生产力——赋予各种事件的意义。

6.人类行动学的逻辑特征

人类行动学是先验的。其全部定理都是演绎推理的产物，该演绎推理的起点便是行动范畴。人类行动学的判断是应该称为

第二章　知识的行动主义基础

分析的,还是应该称为综合的,它使用的方法是否应该叫作"纯粹的"同义反复方法——诸如此类的问题只不过是词语上的争论而已。

一般说来,人类行动学关于人类行动的陈述,是严格有效的,每一个行动都不能例外。要么有行动,要么没有行动,二者必居其一,没有中间地带。每一个行动都试图用一种状况交换另一种状况,人类行动学关于交换所作的一切陈述,都严格地具有此种含义。在讨论每一个行动时,我们都会遇到目的与手段、成功与失败、赢利与亏损以及成本等基本概念。交换可以是直接的,也可以是间接的,所谓间接交换就是通过一个中间阶段完成的交换。某一行动是不是间接交换,这取决于经验。但如果该行动是间接交换,则一般说来,人类行动学关于间接交换的一切陈述便严格地适用于它。

人类行动学的每一个定理,都是运用逻辑推理从行动范畴推演出来的,因而具有以先验范畴为起点的逻辑推理提供的、无可置疑的确定性。

人类行动学家先将某些有关发生行动的环境的假设,引入人类行动学的推理环节之中。然后他力图弄清,这些特殊环境是如何影响他的推理必然导致的结论。至于外部世界的真实环境是否与这些假设相一致,这个问题就要由经验来回答了。但如果回答是肯定的,则由逻辑上正确的推理得出的结论便严格描述了实际发生的情况。

7. 史学的逻辑特征

最广义的历史，是人类经验的总和。历史就是经验，而一切经验都是在历史上发生的。历史也包括自然科学的一切经验。自然科学的特征是，它们用事件前后接续中严格的规律性这一范畴来研究经验材料。最狭义的历史，即人类行动经验的总和，则肯定不涉及这个范畴。这便从认识论上把史学与自然科学区分了开来。

经验总是过去的经验。没有未来的经验，也没有未来的历史。假如不是由于统计学家经常进行经济预测的话，便没有必要重复这一自明之理。关于经济预测问题，下文有所论列。[7]

史学是人类行动的记录。史学所证实的是，人们在一定观念的激发之下，作出了一定的价值判断，选择了一定的目的，并且为了达到选定的目的采用了一定的手段。而且，史学还研究人们行动的结果，亦即行动所带来的事物状况。

人类行动科学区别于自然科学的地方，不是所考察的事件不同，而是看待事件的方法不同。同样的事件，从史学的角度看是一种样子，从物理学和生物学的角度看又是另一种样子。拿一桩凶杀案或一场火灾来说，历史学家感兴趣的地方，就与生物学家或化学家不一样，只要后者不是为法庭充当鉴定专家。对于历史学家来说，自然科学研究的外部世界事件，只有在它们影响人类行动或是由人类行动产生的时候，才是重要的。

---

[7] 参见下文第 67 页。

史学中最终的给定物是个人。当历史学家到达了他不能再向前迈进的那一点的时候，他便求助于个人。他"解释"一个事件——一种观念的起源或一种行动的结果——时，总是将它追溯至一个人或一些人的活动。在这里，他所面对的也是使自然科学无法探究人类行动的那个障碍，也就是我们无法知道，一定的外部事件是如何在人们心灵中产生一定的反应，即观念和意志的。

有人一直试图把人类行动追溯至那些可以用自然科学方法描述的因素，这是徒劳的。还有人强调，每一种生物都天生具有保存自己生命和繁衍后代的冲动，于是宣称，饥饿和性欲是人类行动最主要的甚或是唯一的原动力。然而，人们不能否认，这些生物学上的冲动对人类行为的影响和非人类行为的影响，两者之间差别很大，而且人除了尽力满足自己的动物性冲动外，还致力于达到其他一些目的，这些目的是人类所特有的，因而通常被称为高级目的。人体的生理结构——首先是肚皮和性腺——会影响行动着的人作出的选择，历史学家从来没有忘记这一点。毕竟，人是动物。但人是行动着的动物；他在相互冲突的目的之间作出选择。这正是人类行动学和史学的论题。

8. 情意学方法

一方面是自然环境，另一方面是人类行动，塑造着人行动的环境。他所筹划的未来，是由像他那样做着筹划并行动着的人们的行动共同决定的。他若想要成功，就必须预测其他人的行为。

未来是不确定的，不仅是由于我们拿不准其他人的未来行动，而且还由于我们尚不能充分把握影响人类行动的自然事件。气象学使我们能在某种程度上了解影响大气层情况的因素;但这种知识顶多使专家能大致预测几天的天气,绝对无法预测更长时间的天气。在另一些领域,人类的预见能力甚至更为有限。在应对我们了解得如此之少的状况时,人类所能够做的,仅仅是利用自然科学给予他的那些知识,不管这些知识多么贫乏。

人们预测他人行为时采用的方法,完全不同于探究自然事件时使用的方法。在很长一段时期,哲学和科学几乎没有关注这些方法。严肃的思想家认为这些方法是非科学的,不值一提。哲学家考察这些方法时,把它们称为心理学方法。但是,在实验心理学方法被发展出来以后,这个词语就变得不恰当了,于是前几代人称之为心理学的几乎所有东西便被认为是非科学的,遭到了彻底抛弃,或者被归之于这样一类研究,此种研究被轻蔑地称作"纯文学"或"文学心理学"。实验心理学的拥护者们深信,总有一天,他们在实验室中做的实验将科学地解答传统人类行为科学涉及的一切问题。按照他们的说法,传统的人类行为科学讲的,都是咿咿呀呀的儿语或不着边际的形而上学。

实际上,实验心理学对于人们提及他人的行动时心里想的那些问题,说不出任何东西,而且从来也没有说出过什么东西。"文学心理学"关注的最主要问题就是意义,意义这种东西在所有自然科学和所有实验室活动的范围以外。实验心理学是自然科学的一个分支,而"文学心理学"探究的则是人的行动,也就是决定行动的观念、价值判断和意志。由于"文学心理学"这个词很拗口,也无法构成一个与其相应的形容词,因而我一直主张用情意学(thymology)这个词取代它。⑧

情意学是史学的一个分支,或者正如柯林武德表述的,它隶属于"史学领域"。⑨ 它探究的是决定人们行动的精神活动,是导致某种行为的精神过程,是个人对其环境的精神反应。它探究的是某种看不见摸不着的东西,这种东西用自然科学的方法是察觉不到的。但自然科学从其自己的观点看也必须承认,此种因素是真实的,因为它是一系列事件中的一个环节,该环节导致了自然科学领域内事件的变化。

在分析和摧毁孔德的实证哲学的过程中,以"德国西南学派"闻名于世的一群哲学家和史学家详细阐述了理解(verstehen)这一范畴,该范畴实际上是前辈作家所熟悉的,但其含义却尚欠明确。人类行动科学特有的这种理解,旨在确认这样一个事实,即:人们往往赋予自己的环境状况以特定的意义,会对这种状况作出评价,并会采取一定的手段以维持或达到某种状况,而如果他们不作出有目的的反应,是不会维持或达到这种状况的。理解牵涉到

---

⑧ 米塞斯:《理论与历史》,第 264 页及随后各页。

⑨ H. 泰纳于 1863 写道,"史学实际上是个心理学问题"(《英国文学史》[第 10 版]巴黎,1899 年],第一卷,引言,第 45 页)。他写这句话时未认识到,他心中想的那种心理学不是叫作实验心理学的自然科学,而是我们称之为情意学的心理学,情意学实质上是一门历史学科,用 W. 狄尔泰的术语来说,是精神科学(Geisteswissenschaft)(《精神科学导论》[莱比锡,1883 年])。R. G. 柯林武德《历史的观念》[牛津,1946年],第 221 页)区分了以下两种研究心灵的方式,一种是"史学思想",它认为"心灵在某些特定情况下以某些特定方式活动着",另一种是成问题的研究心灵的方式,它"脱离所有特定情况或行动,抽象地考察心灵的一般特征"。后者"不是史学,而是精神科学、心理学或心灵哲学"。他指出(第 224 页),此种"耸立在史学之上的、力图确立永恒而不变的人性规律的实证精神科学,只是对于误把某一历史时代短暂而易变的状况当作人类生活的永恒状况的人,才有可能存在"。

价值判断,牵涉到目的和达到目的的手段的选择,并牵涉到对行动结果的评价。

从范畴上说,科学研究的方法与每个人处理日常俗务的方法并无不同,只不过更加精细些,尽可能地去除相互不一致和矛盾之处。理解并不是只有历史学家才拥有的方法。婴儿一旦度过了最初几周的生长阶段,便会理解事物。人如果不受理解力的指引,也就不会对任何刺激作出有意识的反应。

人类心灵的逻辑结构连同全部先验范畴,是理解的先决条件,理解也必然包含这些内容。生物的生命活动法则,把个体的发生表现为物种发展史的扼要重演。我们可以用类似的方法来描述智力结构的变化。婴儿出生后的发育,重演了人类智力演化的历史。[10] 当婴儿开始在心里模模糊糊地意识到,可以通过某种行为方式达到某一目的的时候,他从情意学上说,就变成人了。非人的动物永远不会超越本能的冲动和条件反射。

最先阐述理解这一概念的哲学家和史学家,都是想要驳斥实证主义者对史学方法的毁谤。这也就解释了,为什么这个概念原来只是被当作研究过去的精神工具。但是,理解在使人们得以知道过去方面发挥的作用,只是预测未来的一个准备阶段。实际上,人之所以对过去感兴趣,只是想为将来做好准备。自然科学之所以研究经验——经验必然总是过去发生的事情的记录——是因为规律性和因果关系等范畴使这种研究有助于指导技术性的行动,

---

[10] 《语言、思想与文化》,保罗·亨利编(密歇根大学出版社,1958年),第48页。当然,这种类比并不全面,因为大多数人远远未达到与其年龄相称的情意学高度时,其文化演进便停止了。

第二章 知识的行动主义基础

而技术性的行动总是不可避免地旨在为未来作出安排。理解过去也发挥着类似的作用,使人类行动尽可能取得成功。理解旨在预测未来,未来的情况取决于人的观念、价值判断和行动。除了遇到其仆人"星期五"之前的鲁宾逊外,没有哪一个人在筹划或实施其行动时,不充分留意其他人将会作出的反应。行动的前提是理解其他人的反应。

在自然科学探究的领域,预测未来的事件,依据的是规律性和因果关系这样的范畴。如果一辆载着10吨重货物的卡车驶过小路上的一些桥梁,则有些桥梁肯定会坍塌。但我们可以预料,这样的重量绝不会使乔治·华盛顿大桥倒塌。我们坚定地信赖那些支撑着物理学和化学知识的范畴。

在考虑别人的反应时,我们则不能依赖这样的规律性。我们假定,总的说来,在其他条件不变的情况下,若没有特殊原因,人们未来的行为不会偏离他们过去的行为,因为我们假定,决定他们过去行为的那些因素也将决定他们未来的行为。不管我们知道自己跟他人有多大的差别,我们都试图猜测他们会对环境的变化作出何种反应。依据我们对一个人过去行为的了解,我们便可以构想他的性格。我们假定,如果没有特殊原因,这种性格将不会发生变化,而且更进一步,我们甚至试图预测,环境的特定变化会对他的反应产生何种影响。与某些自然科学提供的看似绝对的可靠性相比,这些假定以及由这些假定推演出来的结论,似乎很不可靠;实证主义者会嘲笑它们,说它们是不科学的。可它们是解决有关问题的唯一可以采用的方法,而且在社会环境中采取任何行动都少不了它们。

理解所涉及的并不是人类行动的行动学方面,而是与我们同类的人们所作的价值判断,以及目的和手段的选择。它涉及的不是人类行动学和经济学领域,而是史学领域。它是个情意学范畴。人的性格也是个情意学概念。每个人性格的具体内容,是从历史经验中推演出来的。

如果不理解未来,也就无法筹划和实施任何行动。即便是一个离群索居的人,指引其行动的也是有关自己的未来价值判断的一定假设,而且就此而言,其行动取决于他对自己性格的想象。

"speculate"一词*本来用于表示沉思和形成见解,如今则带有贬义,用于贬斥这样一些人,这些人在资本主义市场经济中,善于比普通人更加准确地预测他人的未来反应,亦即善于投机。此种语义用法的依据是,短视的人注意不到未来的不确定性。这些人认识不到,一切生产活动都旨在满足最为紧迫的未来需要,而未来的情形究竟会怎样,现在是根本无法确定的。他们没有意识到,在为未来作准备的时候,牵涉到定性问题。社会主义作家的所有著作,丝毫未提及这样一点,即:生产活动涉及的主要问题之一,就是预测消费者的未来需求。⑪

每一行动都是一次投机,也就是说,关于不确定的未来的一定见解指导着该投机。即便是短期活动,也弥漫着这种不确定性。谁都无法知道,某一意外事件是否会把他为明天或一小时之后做的一切准备工作化为白辛苦。

---

* 这个英文词有"思索""推测""投机"等含义。——译者注
⑪ 米塞斯:《理论与历史》,第140页及随后各页。

第三章　必然性与意志力

1. 无限

无,这一观念,即某一事物不存在,或某一命题不成立,这对于人类心灵来说是可以想象的。但是,一切绝对地无,亦即绝对地没有任何东西,则超出了人类的理解力。某一事物产生于无,或者说绝对的开始,也超出了人类的理解力。《圣经》告诉我们,主,从无中创造了世界;但上帝在过去是永恒存在的,在未来也将永恒存在,无始也无终。

在人类心灵看来,每一事物的发生,都发生于原已存在的事物。新事物的出现,被视为原已存在的事物的演进,亦即逐渐成熟。昨天的整个宇宙,已潜在地包含了今天的整个宇宙。宇宙是无所不包的,是无限的过去与无限的未来的延续,若认为它有起始或有终结,那是无法想象的。

每一如是的事物,就是如是,而非不同的事物,因为先于它的事物具有明确的形状和结构,而不是具有不同的形状和结构。

我们不知道超人即尽善尽美之心灵,对这些问题会有什么见解。我们仅仅是拥有人类心灵的普通人,甚至无法想象比我们完善的心灵会有何种与我们的智力有本质区别的力量和能力。

2. 最终的给定物

因此,对于所谓的宇宙之谜,科学研究绝不可能作出全面的解答。它绝对无法说明,如何从无法想象的无有了现在的一切,这一切又如何总有一天会消失,而仅仅剩下"无"。

科学研究迟早总要遇到某种最终给定的东西,无法再将其追溯至别的东西,亦即无法再将其看作是别的东西的正常和必然的派生物。科学的进步在于把这种最终给定的东西进一步向后推。但是,在科学史的某一阶段,总归有些东西——对于渴求全面知识的人类心灵而言——是临时的终点。最近几十年来,一些聪明而有偏见的物理学家拒斥一切哲学上的和认识论上的思考,他们不知道如何把某些现象——对于他们来说,这些现象就是最终的给定物——追溯至另一些现象,于是便把这个事实说成是对宿命论的驳斥。有人说,现代物理学的发展已经到了一个极限,人类再也不可能超越这个极限来扩展知识了。这种说法,尽管不大像是真的,也许是真的。但是,不管怎样,在所有自然科学的教义中,没有什么东西可以认为是与宿命论不相容的。

自然科学完全是基于经验。它们所知道的和所处理的,都来自于经验。如果事件的连续没有规律性,经验也就不能告诉我们任何事情。

但是,实证主义哲学想要说的,却远远多于能够从经验中得知的东西。它自称知道,宇宙间没有什么事物是不可以用自然科学的实验方法来研究并加以充分说明的。但是,人人都承认,一直到现在,实验方法仍未对解释不同于生物化学现象的生命现象作出任何贡献。所有那些想要把思维和评价归结为力学原理的疯狂企图,都已失败。

以上所述,其目的并不是要对生命和心灵的性质与结构发表什么见解。正如序言的第一句话所说,本文也不是想要对哲学作出贡献。我们之所以不得不提及这些问题,只是为了说明,实证主义对这些问题所作的论述,隐含了一个实验方法根本无法加以证实的定理,也就是这样一条定理,即:一切可以观察到的现象都可以归结为物理和化学原理。实证主义者是从何处推演出这一定理的呢?若认为这个定理是先验假设,那肯定是错误的。先验范畴的特征是,任何涉及相关论题的不同假设,在人类心灵看来,都是不可想象的、自相矛盾的。但我们正在讨论的这个实证主义的教条,肯定不是这种情况。某些宗教和形而上学体系提出的观念,既不是不可想象的,也不是自相矛盾的。在它们的逻辑结构中,没有任何东西会迫使有理性的人,像拒斥 A 和非 A 没有任何不同与区别这样的论点那样,也拒斥它们。

在认识论中,有一条鸿沟把自然科学研究的领域中的事件与思维和行动领域中的事件分隔了开来;自然科学的任何研究成果和成就都尚未缩小这条鸿沟。关于这两个现实领域的相互关系和相互依存,我们所知道的仅仅是形而上学。实证主义学说否认任何形而上学学说具有合法性,但实证主义具有的形而上学色彩,并不少于许多其他与它相左的学说。这意味着:在人类文明和知识的当前状况之下,一个人对于诸如灵魂、心灵、信念、思维、推理和意志这类问题发表的看法,都不具有自然科学的认识论特征,因而绝不能视为科学知识。

一个诚实的人,若非常熟悉当代自然科学的一切成就,那他会直率而毫无保留地承认,自然科学并不知道心灵是什么和心灵如何工作,自然科学的研究方法不适于探究人类行动科学探究的那些问题。

维特根斯坦有一句忠告:"凡不可言说之物,我们必须保持沉默。"①逻辑实证主义的鼓吹者谨记这句忠告,才不失为明智。

3. 统计

统计是用数字来描述没有规律的现象。只要现象的前后接续有规律可循,就不需要统计。人口统计的目的,不是要证实凡是人都有一死,而是要提供有关人的寿命的资料,人的寿命是不一样的。所以,统计是一种特殊的历史方法。

只要具有规律性,统计能够告诉我们的便只是,在所有情况下,A 总是被 P 所跟随,绝不会被不同于 P 的事物所跟随。如果统计显示,A 在 $X\%$ 的情形下被 P 所跟随,在 $(100-X)\%$ 的情形下被 Q 所跟随,则我们必须认为,若拥有更加完备的知识,便可以将 A 分解为 B 和 C 两个因子,前者总是被 P 所跟随,后者总是被 Q 所跟随。

---

① 维特根斯坦:《逻辑哲学论》(纽约,1922 年),第 188 页及以下。

第三章 必然性与意志力

统计是历史研究的方法之一。在人类行动领域,某些事件的特征是可以用数字来描述的。譬如,某一学说对人们心灵的影响,无法用数字来表示,其"数量"只能借助于历史学科的特有理解来确定。② 但是,如果可以得到完整的有关资料,我们就能够确定,为了实现某一学说,采用战争、革命和暗杀等手段来改变社会状况而在斗争中丧失了生命的那些人的数字。

统计可以提供有关历史事实的数字资料,所谓历史事实,就是在某一特定区域和某一特定时期,发生在某一特定人群中的事件。统计所涉及的是过去,而不是未来。跟任何其他过去的经验一样,统计只是偶尔能对规划未来提供重要帮助,但它说不出任何对于未来直接有效的东西。

根本就没有诸如统计"规律"这样的东西。人们求助于统计方法,恰恰是因为他们在事件的相互联系和前后接续中找不到规律性。最受人们称赞的统计成就,是人口死亡率表,但它并没有显示出稳定性,而是显示出人口死亡率会不断变化。即便自然环境没有发生变化,人类平均寿命也会随着历史的发展而变化,因为影响人类平均寿命的因素当中,有许多是人类行动带来的结果,例如暴行、饮食、医疗和预防措施、粮食的供应,等等。

一些著述家在探讨人的行动时未能弄清,为何某些统计数据只是很缓慢地变化,于是便一时冲动,盲目而轻率地把缓慢的变化视同没有变化,正是在这样的时候,产生了"统计规律"这一概念。因而,他们自认为发现了人们行为的规律,但无论是他们自己还是

---

② 参看下面第65页。

任何其他人,对这种规律都没有作出任何解释,而只是(正如我们必须强调指出的,毫无根据地)假设,统计已经证明了这些规律。③正是从这些著述家的这种站不住脚的哲学那里,物理学家借用了"统计规律"这个词语,但他们赋予了它一种不同于其本来在人类行动领域内的含义。本文不打算讨论这些物理学家以及后来几代物理学家赋予这个词语的含义,也不打算讨论统计能够为实验研究和技术作出的贡献。

在自然科学的领域中,人类心灵可以发现各种事件之间不变的关系。而人类行动科学领域的特征则是,除了人类行动学讨论的那些不变的关系外,没有什么不变的关系。自然科学中有(自然)规律和计量。人类行动科学中则没有计量,而且——除了人类行动学外——也没有规律,只有历史,历史中包括了统计。

4. 自由意志

人与动物不同,不是一味顺从本能和肉体冲动的傀儡。人拥有抑制本能欲望的能力,拥有属于自己的意志,能够在各种互不相容的目的之间作出选择。从这个意义上说,他是道德之人;从这个意义上说,他是自由的。

然而,我们不能允许把这种自由解释为独立于宇宙,不受其规律的支配。人也是宇宙的一分子,与其他一切事物一样,都来自于

---

③ 关于这种学说,最为著名的例子是 H. Th. 巴克勒的学说,参见米塞斯:《理论与历史》,第 84 页及以下。

第三章 必然性与意志力

一个未知的原点。人从其世世代代的祖先那里继承了自己的生理特征；他在出生之后便开始有各种各样的物理和心理体验。他在其一生（即人生旅程）的任何时刻，都是整个宇宙历史的产物。他的一切行动都是他的个性的必然结果，而他的个性则是由先前的一切事物塑造出来的。一个全知全能者或许已经预见到了他的每一个选择。（但是，我们没有必要讨论全知全能这一概念所带来的错综复杂的神学问题。）

意志自由并不意味着，指导一个人行动的那些决定，似乎是从外面落入宇宙结构之中，给其增添了某些东西，而这些东西与先前构成宇宙的成分毫无关系。实际上，人的行动受观念的指引，观念是人类心灵的产物，而人类心灵无疑是宇宙的一部分，因而严格说来，心灵的力量是由宇宙的整个结构决定的。

"意志自由"这个词指的是这样一个事实，即：诱导一个人作出某一决定（或选择）的那些观念，像所有其他观念一样，不是由外在的"事实""产生"的，也不"反映"实在的情况，更不是由任何可以确定的外在因素"唯一地决定的"，也就是说，我们不能像在所有其他情况下可以把某一结果归于某一原因那样，也把观念归因于外在因素。关于某个人采取的某一行动和作出的某一选择，我们除了说这是他的个性使然之外，别的什么也说不出来。

我们不知道，当一个有个性（所谓个性，是指一个人受其全部先天的遗传和后天的全部经验的影响而形成的特性）的人遭遇一种新的经验时，特定的观念是如何产生并决定他的行为的。我们甚至猜想不出，人们如何可以获得这样的知识。不仅如此，我们还认识到，如果人们可以获得这样的知识，如果人们因此而可以像工程师操作机器那样,来操纵观念的形成和意志,那么,人类的境况将会从根本上被改变。一方面是操纵别人的观念与意志的人,另一方面是观念与意志被别人操纵的人,在这两者之间会裂开一道宽阔的鸿沟。

正是因为没有这样的知识,自然科学与人类行动科学之间才具有根本性的差别。

说到自由意志,我们要指出,有某种东西对于各种事件的产生是有帮助的,但自然科学却无法提供有关这种东西的任何信息,甚至自然科学都无法注意到它。可是,由于我们无法弄清产生于无的绝对开始,我们便不得不假设,这种看不见的、无形的东西——即人类心灵——也是宇宙固有的一部分,是整个宇宙历史的产物。④

传统上讨论自由意志问题时,指的是行动者在作出最后决定之前的犹豫不决。在这一阶段,行动者在不同的行动方向之间摇摆,每一行动方向似乎都有一些别的行动方向所没有的优点和缺点。在权衡利弊的时候,他想要作出他所认为符合他的个性和当下具体情况的决定,从而最大限度地满足他所关切的一切。这意味着,他的个性决定了他最终会下什么样的决心,而他的个性则是他先天的全部遗传和他到当时为止的全部经验的产物。如果一段时间以后他检视自己的过去,他会意识到,无论在什么情况下,他的所作所为,都完全是由他作出那一行动时自己是什么样的人所决定的。至于究竟是他自己(经由回忆)还是客观的观察

---

④ 关于这些问题,参阅米塞斯:《理论与历史》,第 76—93 页。

者,能够清楚地描述出有助于他作出过去决定的所有因素,那倒不重要。

没有人能够像自然科学家作预测时那样,信心满满地预测自己和其他人未来的行动。在科学技术方面,人们可以作出准确无误的预测,但我们却没有办法完全了解人的个性。

我们可以看一看历史学家和传记作家是如何分析和解释他们所讨论的人物的行动的,他们采用的方法,要比那些长篇累牍而矫揉造作的道德哲学论文,能更加正确地把握牵涉到的问题。历史学家讨论行动者的精神环境和过去的经验、讨论行动者对影响其决定的所有资料是知道还是不知道,讨论行动者的健康状况,并讨论可能会起作用的许多其他因素。然而,即便充分注意到了所有这些事情,也仍然会有某种东西人们无法对其加以进一步的解释,那就是行动者的人格或个性。在所有可以说的话都说了以后,最终对于凯撒为什么跨越卢比孔河这个问题,我们除了说因为他是凯撒之外,给不出任何其他答案。我们在讨论人类行动时,不能不涉及行动者的人格。

人是不一样的;每个人都与别人不同。他们之所以不同,是因为他们出生前和出生后的历史绝不相同。

5. 必然性

所有发生的事情,都是在当时的情况下必然会发生的。事情之所以发生,是因为那些促使其发生的力量,要比与之相反的力量更加强大。从这个意义上说,事情的发生是不可避免的。

可是，历史学家回顾过去而谈论必然性的时候，并非只是沉溺于聒噪毫无意义的废话。他想要做的，是把某一事件或某一系列事件 A 看作是产生另一事件 B 的推动力量，不言自明的条件当然是，没有足够强大的相反因素起作用。如果没有这种反作用力，A 必然会产生 B，因而可以说结果 B 是不可避免的。

在预测未来事件的时候，除了人类行动科学规律涉及的领域外，谈论必然性，那是在玩弄毫无意义的华丽辞藻，不会给预言增加任何说服力量，而只是证明预言者头脑糊涂。对于各种历史哲学体系所作的预言，只需要说上面这些。⑤ 马克思宣称，他所作的预言具有"自然规律的不可抗拒性"，⑥这也不过是一种修辞伎俩。

宇宙和人类历史进程中发生的那些重大变化，都是许许多多事件共同造成的结果。严格说来，其中的每一事件，都是由在其之前产生它的各种因素所决定的，因而它在产生重大变化中所起的作用也由这些因素决定的。但是，如果这些事件赖以发生的那些因果关系链条是彼此不相干的，那就会使一些历史学家和哲学家夸大偶然性在人类历史上所起的作用。他们未认识到，各种事件应该根据其在产生集合效果中所起作用的大小而分级。如果只是一个小事件发生了变化，则对总的结果产生的影响也只会是很小的。

有人会议论说，假如 1914 年 6 月 28 日萨拉热窝的警察更加恪尽职守，奥匈帝国皇太子就不会遇刺，第一次世界大战及其一切

---

⑤ 关于历史哲学，参阅米塞斯：《理论与历史》，第 159 页及以下。
⑥ 马克思：《资本论》，第一卷，第 24 章，论点 7。

灾难性后果也就得以避免。这种议论方式是不能令人满意的。第一次世界大战——在前述意义上——之所以不可避免,一方面是因为哈布斯堡君主国各民族间的冲突不可调和,另一方面是因为德国竭力扩充海上实力以便击败英国海军。俄国革命总归是要发生的,因为沙皇的那套制度及其官僚统治方法被绝大多数人民所痛恨;大战的爆发并没有加速革命的到来,反而暂时延缓了革命。欧洲各个国家的人民热衷于狂热的民族主义和国家社会主义,只会导致战争。在这些因素的作用下,不管塞尔维亚的民族主义者能否谋杀掉奥匈帝国的皇太子,第一次世界大战及其后果都是不可避免的。

政治、社会和经济事件是全民合作带来的结果。虽然每一个人所作贡献的大小迥然不同,但每个人的贡献却是可以计量的,而且总的说来可以被他人的贡献所替代。一个偶然事件可能会把一个人的贡献化为乌有,即便这个人卓越不凡,但该事件只会使历史进程稍稍偏离其本来会遵循的轨道。

在极其伟大的智力成就和艺术成就领域,情况就不一样了。天才的功绩逸出人类事务的常轨。天才在许多方面也受其环境和条件的制约。但是,使他的工作具有特殊光彩的那点东西,却是独一无二的,是别人无法复制的。我们既不知道是什么样的基因组合产生了天才人物的内在潜质,也不知道需要有什么样的环境和条件才能使天才有所成就。如果他能够避免所有那些会伤害他的身体和成就的危险,人类会因此而受益。如果偶然事件令他殒命,则所有的人都会失去某种无法补偿的东西。

假如但丁、莎士比亚或贝多芬死于童年,人类也就损失了这些天才人物作出的贡献。在这个意义上，我们可以说，偶然性在人类事务中起了某种作用。但是，强调这个事实，丝毫也不与宿命论这一先验范畴相矛盾。

第四章 确定性与不确定性

1. 量的确定问题

实验室的实验和对外部现象的观察，使自然科学能够测量，从而能使知识量化。因此，人们过去常常把自然科学称为精密科学，而瞧不起缺乏这种精确性的人类行动科学。

如今则不再有人否认，由于我们的感官不够完善，从完美和精确这两个词的充分意义上说，人类所作的测量绝不是完美和精确的。况且，海森堡原理告诉我们，有一些关系我们人类是绝对无法测量的。在我们对自然现象的描述中，根本谈不上所谓量的精确性。不过，物理和化学中测得的近似值，大体上已经足够用了。技术活动的领域，就是近似地重新测量并获得量上的近似确定性的领域。

在人类活动领域，任何因素之间都没有不变的关系，因而也就不可能作测量，不可能进行量化。人类行动科学遇到的所有可测量的量，都是与人类生活和行动于其中的环境有关的量。这些量都是历史事实，例如经济史或军事史上的事实，我们应该把这些事实与理论行动科学即人类行动科学，尤其是人类行动科学中最发达的学科经济学所探究的那些问题明确区分开来。

一些人主张,人类行动科学必须效法自然科学的方法。许多著述家被这种看法所蒙骗,热衷于经济学的数量化。他们认为,经济学应该模仿化学,化学就是从定性分析发展到定量分析的。[①] 他们的座右铭便是实证主义的格言:科学即测量。在大量资金的支持下,他们忙于把政府、同业公会、公司以及其他企业提供的统计数据重新刊印出来,对它们加以重新编排整理。他们试图计算出各种统计数据之间的关系,从而弄清他们仿效自然科学而称作的相关性和函数关系。他们未认识到,在人类行动领域,统计一向是历史,所谓"相关性"和"函数关系",只不过是把过去发生在某一时刻和某一地区的事情描述为一定数目的人们的行动的结果。[②] 计量经济学作为经济分析的一种方法,是一种玩弄数字的儿童游戏,对于阐明经济现实中的问题毫无用处。

2. 可靠的知识

激进经验主义否认,人的心灵可以获得关于宇宙状况的可靠知识。它把逻辑学和数学中的先验范畴看作是假设或约定,是人们随意选定的,以便于获取人类所能获得的那类知识。依据这些先验范畴通过演绎而推论出的所有东西,都仅仅是同义反复,没有

[①] J. 熊彼特:《理论国民经济学的本质和主要内容》(莱比锡,1908 年),第 606 页及以下;W. 米契尔:"经济理论中的定量分析",载《美国经济评论》,第 15 卷,第 1 页;G. 卡塞尔:《经济学中的定量思想》(牛津,1935 年);以及日益增多的大量书籍和文章。

[②] 米塞斯:《人类行动》,第 347 页及随后各页。

向我们提供任何关于现实状况的信息。即便我们接受那个站不住脚的教条，认为自然事件的相互联系和前后接续是有规律的，由于人的感官易于出错而且是不完善的，我们也不能认为后天获得的知识是可靠的。我们现在的人类，必须默认这种状况。在一个从本质上不同于当前宇宙史中的人类心灵的超人智力看来，事物"实际上"是什么样子或可能是什么样子，对于我们而言，那是不可思议的。

然而，这种激进怀疑主义不涉及人类行动学的知识。人类行动学也发端于一个先验范畴，也依赖于演绎推理。可是，怀疑主义反对先验范畴和先验推理的理由，却不适用于人类行动学。因为，我们必须再一次强调指出，人类行动学所致力于阐明和解释的现实，与人类心灵的逻辑结构是同源的。人类心灵既产生了人类思维，也产生了人类行动。人类行动和人类思维源自同一来源，从这一意义上说，它们是同质的。因而，人类行动的结构中不会有什么东西是人类心灵无法加以充分解释的。从这个意义上说，人类行动学提供了可靠的知识。

在宇宙史的当前时期生存在这颗行星上的人，也许有一天会消失。但是，只要人类还存在，也就存在着人类行动学探究的那种人类行动。从这一有限的意义上说，人类行动学可以提供有关未来事物的精确知识。

在人类行动领域，所有用数字表示的量，涉及的都仅仅是历史，传达的知识都只不过是产生这些知识的特定历史事件。所有一般性的知识，都是从行动这一先验范畴演绎出来的知识，这种知识不仅适用于过去特定的事件，而且适用于所有从人类行动学角度来说相同的过去的事件和未来的事件。严格地说,它涉及的是发生于过去和未来的所有实际行动,传达的是有关实际事物的精确知识。

3. 未来的不确定性

奥古斯特·孔德有一句经常被人们引用的名言,即:(自然)科学的目的是为了预测未来发生的事情而求知。这些预测,就其涉及的是人类行动的结果而言,是有条件的。它们说:如果有 A,则有 B。但它们对于 A 的出现什么也没有说。如果一个人吃了氰化钾,他就会死。但他是否会吞食这种毒药,则尚未确定。

人类行动学所作的预测,在其适用的范围之内,是绝对可靠的。但是,关于行动的个人具有什么样的价值判断和这些个人将以何种方式决定自己的行动,这些预测则不会告诉我们任何东西。关于个人的价值判断,我们所能够掌握的全部知识,都具有我们对人类行动这门历史科学的具体了解的绝对性质。我们对(我们自己或他人的)未来的价值判断所作的预测以及对人们将如何根据这些价值判断来调整自己的行动所作的预测正确与否,是无法预先知道的。

未来的这种不确定性,是人类状况的主要标志之一。生活与行动的所有表现都会打上其烙印。

人总是受自己无法控制的力量的支配。他为了尽量避免他认为会伤害自己的事物而行动。但他最多只能在有限的范围内做到这一点。他绝对无法预知,他的行动会在多大程度上达到他所追

第四章　确定性与不确定性

求的目的,也绝对无法预知,如果达到了目的,若回想起来,在他自己或别人看来,他当时的行动是不是许多可能的选择当中最好的一个。

以自然科学的成就为基础的技术,致力于在一定的范围之内取得全面的控制,这个范围当然只涉及那些决定人类命运的事件的一部分。虽然自然科学的进步有助于扩大这种被科学所指引的行动的范围,但该范围终究只涉及可能事件的极小部分。而且,即便在这个范围之内,也绝不会有绝对的确定性。所追求的目标,往往会由于人们尚未充分认识的或尚不为人所控制的力量的侵入而落空。技术工程学并没有消除人类生存中的运气成分,而只是稍稍将其减少了一点儿而已。对于人的有限知识而言,总有那么一些因素似乎属于纯粹的运气领域,使得人生像是一场赌博。人及其劳动成果,总是会受到意外的且无法控制的事件的影响。人不得不盼望好运不被这样的事件击毁。即便愚钝之人也不会不知道,其幸福最终所仰赖的,是这样一些力量的作用,这些力量处于人类的智慧、知识、预见和准备所能触及的范围之外。对于这些力量,人类的一切筹划都是徒劳的。这就是宗教信徒心目中深不可测的天命,于是他们转而进行祈祷。

4. 行动与历史中的量化和领悟

在回想过去或筹划未来的时候,人类心灵所关注的许多东西可以用数字来表示,而另一些东西则只能用非数学语言来表达。关于后者,既然不能加以测量,似乎就得用人类行动学中的具体领悟来代替。

正是在这个意义上，历史学家和行动的人可以谈论不同的事件和行动对于产生另一些事件和特定事态的影响。正是在这个意义上，他们可以把重要的和不重要的事件与行动区别开来，把大人物与小人物区别开来。

在这种对现实的准定量评估中，如果在筹划未来行动时出现误判，则为害甚大。对未来情况的预测，若依据的是幻觉，则肯定是无效的。即便预测"从质的方面说"是正确的，亦即确实出现了所预测的情况，但如果"从量的方面说"是错误的，亦即错误地预测了事情所带来的后果的大小或事情发生的时间，这种预测也会带来灾难。正是由于这一原因，政治家和企业家所作的长期预测尤为危险。

5. 在人类事务方面，预测是靠不住的

人在预测未来可能或必将发生的事情时，可能对，也可能错。但他对未来事件的预测，不会影响大自然的进程。不论人的期盼是什么，大自然都会走自己的路，绝不会受人的期盼、欲望、愿望和希望的影响。

在人类行动领域，情况则不一样。如果预测诱使人们避免了所预测的事件的发生，便证明预测是错误的。人们之所以倾听占卜师的意见或找占卜师进行占卜，常常是因为想要避灾免祸，而这些灾祸，据占卜师说，是他们命中注定的。另一方面，如果预言者所作的预言正好与人们的希望相符，他们便会以如下两种方式对

预言作出反应。他们相信预言定会实现，于是无所作为，坐待好运到来。或者，他们满怀信心地加倍努力，以达到向往的目标。在这两种情况下，预言都具有改变事态原有发展方向的力量。

我们可以用经济预测来说明这个问题。如果在5月告诉人们，繁荣将会持续几个月的时间，在12月之前不会突然衰退，则人们就会力图在12月之前尽快地把货物卖出去。其结果是，繁荣便会在预测的日期到来之前结束。

6. 经济预测与趋势理论

经济学可以预测采取某些经济政策措施可能带来的结果，可以回答采取某一政策能否达到其想得到的目的这样的问题，如果回答是否定的，能指出该政策实际上会带来什么样的结果。但是，这种预测自然只能是"性质上的"，不可能是"数量上的"，因为在所牵涉到的各种因素和结果之间没有恒定不变的关系。经济科学的实际价值，就在于这种受到严格限制的预测能力。

那些因为经济学具有先验因素而认为经济学不是科学的人，即各式各样的历史学派和制度学派的学者，从他们自己的认识论原则出发，应当阻止他们对任何特定政策的未来结果作任何判断。他们甚至无法知道过去采取的某一措施带来了什么结果。原因是，过去发生的事情总是许许多多因素共同作用的结果。该措施只不过是导致最终结果的诸多因素中的一个而已。但是，即便这些学者胆大到宣称，过去的某一措施产生了某一结果，根据他们自己的认识论原则，他们也没有理由认为，未来亦会得到相同的结果。始终如一的历史学派和制度学派,应该避免对任何措施或政策的——必然是未来的——结果发表任何意见。他们应该只限于研究经济史。(至于如何在没有经济理论的情况下研究经济史,我们暂不讨论此问题。)

然而,公众对于这门叫作经济学的学问之所以感兴趣,完全是由于想借此掌握某种方法来达到特定的目的。学生之所以听经济学教授的课程,政府之所以任命"经济"顾问,都是急于想了解未来,而不是了解过去。但是,如果这些专家依然忠于他们自己的认识论原则的话,他们所能告诉人们的便仅仅是关于过去的事情。

为了满足客户——政治家、工商界人士和学生——的需求,这些学者提出了趋势理论。他们认为,最近的过去——常常被不恰当地称作当前——流行的趋势,也会延续到将来。他们若认为这种趋势是不利的,就会提出扭转趋势的措施。他们若认为趋势是有利的,就宣称这种趋势是不可避免的,不可抗拒的,而没有考虑到,各种历史趋势会发生变化,而且确实常常在变化,或者更确切地说总是在变化,即便在最近的将来也会发生变化。

7. 作决策

人们在讨论科学问题和使用科学术语的时候,有一些一时的爱好和风尚。

人类行动学中所谓的选择,在选择手段的时候,如今称为作决策。使用这个新词旨在使人们注意到,重要的不仅仅是作选择,而且是作出尽可能好的选择。这意味着:在作选择的时候,如果不紧迫的目的妨碍紧迫的目的,就不应该去满足不紧迫的目的。在市场经济中,这是由追逐利润的企业,在生产过程中借助于经济计算这一智力活动最大限度地实现的。在自给自足的封闭的社会主义体系中,因为无法进行经济计算,所以有关手段的决策可以说是纯粹的赌博。

8. 证实与可反驳性

在自然科学中,一种理论只要与实验所验证的事实相一致,就可以成立。不久之前,这种与事实的一致还被认为就是证实。1935年,卡尔·波普尔在《发现的逻辑》[③]一书中指出,事实并不能证实理论;事实只能反驳理论。于是,一种更为正确的表述应该是:一种理论若被经验数据所反驳,就不能成立。因而,经验限制了科学家构建理论的自由。一旦实验证明,一种假说与业已证实的经验事实是不相容的,就必须抛弃该假说。

很显然,以上论述并不适用于人类行动科学探究的问题。在此范围内,没有所谓由实验所验证的事实。我们必须一而再再而三地强调,在这个领域内,一切经验都是历史经验,亦即复杂现象的经验。此种经验产生的东西,绝不会拥有自然科学中所谓"经验事实"所具有的那种逻辑性。

如果我们认可逻辑实证主义的术语,特别是波普尔的术语,则可以说,如果一种理论或假说在原则上不能被经验所反驳,那么,

[③] 如今也有了英文版,《科学发现的逻辑》(纽约,1959年)。

它就是"非科学的"。因此,所有的先验理论,包括数学和人类行动学在内,都是"非科学的"。这完全是词语上的诡辩。任何一个严肃的人都不会浪费时间讨论这样的词语问题。不管人们如何划分和描述人类行动学和经济学,这两门学问都将对于人类生活和行动保持其至高无上的重要性。

当然,自然科学在我们的文明中享有盛誉,并不仅仅是由于它们的定理没有遭到反驳。除了实验室的实验取得的结果之外,还有一个事实是,根据科学理论建造的机器和所有其他设备,都以这些理论预计的方式在运行。电动机和发动机证实了据以生产和操作这两种机器的电学理论。哲学家和普通人坐在有电灯照明、装有电话、有电扇吹风、用吸尘器打扫的房间里,不得不承认,电学理论除了迄今尚未被实验所反驳外,还有某种其他的东西。

9. 对人类行动学诸命题的考察

一些认识论者从分析自然科学的方法着手其研究工作,由于戴着有色眼镜,无法察觉自然科学领域以外的任何东西。他们只是告诉我们,自然科学就是自然科学,不是自然科学的东西就不是自然科学,仅此而已。关于人类行动科学,他们一无所知,因而他们对人类行动科学发表的意见毫无意义。

这些学者并未发现,人类行动学的理论既不会被实验所反驳,也不会由于成功地运用它们建构各种小玩意儿而得到证实。而这两个事实恰恰是我们所要探究的问题的一个方面。

实证论意味着,自然与实在,在提供记录语句所记下的感官资料时,在人类心灵这张白纸上写下了自己的故事。实证论者认为,他们在谈论可证实性和可反驳性时涉及的那种经验,是某种绝不依赖于人类心灵逻辑结构的东西。这种经验提供了有关实在的真实图像。而另一方面,他们认为,理性是任意的,因而是易于出错、易于作出错误解释的。

实证论不仅没有注意到,我们对感官事物的理解易于出错;而且它没有认识到,知觉并非仅仅是感官理解,知觉也是一种由心灵完成的智力活动。联想主义和格式塔心理学都同意这一点。我们没有理由认为,在认识论上,感觉要比知觉更为高贵;感觉是心灵意识到外部物体的时候完成的活动,知觉是心灵描述自身行为时完成的活动。

实际上,对于人类心灵而言,最为确定无疑的是人类行动这一范畴所凸显的东西。人人都会有这样的意图,即:借助于适当的行为,用一种事态取代另一种事态,若没有人的介入,后者是不会被取代的。哪里有行动,哪里才有人。

关于我们自己的行动和他人的行动,我们所知道的东西受制于我们对行动范畴的熟悉和了解,我们应该能够对行动范畴进行自我检查和反省,也应该能够理解他人的行为。质疑这个洞见,无异于质疑我们是活着的这一事实。

谁若想要攻击人类行动学定理,谁就得一步一步地回溯该定理,一直到达这样一点,即能够在产生该定理的推理链条中揭示出一个逻辑错误。但如果这种向后的演绎过程最终结束于行动范畴,而没有在推理链条中发现错误环节,则该定理就得到了充分验证。实证主义者若不作这样的检验而拒斥人类行动学定理,他们的愚蠢程度就不亚于17世纪的天文学家,这些天文学家拒绝通过望远镜观察天象,而使用了望远镜他们便会明白,伽利略是正确的,他们是错误的。

第五章 关于经济学的
范围与方法的一些常见错误

1. 关于研究方法的无稽之谈

关于经济学家从事研究活动时使用或应该使用的方法，目前流行的看法被这样一种信念所支配，即：自然科学的方法也适用于研究人类行动。人们往往误把经济史当作经济学，这种习惯也支持了上述无稽之谈。历史学家，无论是探究所谓的普通史还是经济史，都必须研究和分析可以利用的记录。他必须从事研究活动。虽然从认识论和方法论上说，历史学家的研究活动不同于物理学家和生物学家的研究活动，但却无妨把它们都称作研究活动。研究活动不仅耗费时间，而且还或多或少得花费金钱。

但是，经济学并不是历史学。经济学是人类行动学的一个分支，所谓人类行动学就是有关人类行动的先验理论。经济学家不是把理论建立在历史研究的基础之上，而是像逻辑学家或数学家那样，把理论建立在理论思考的基础之上。虽然历史学像所有其他科学一样，是经济学家从事研究活动的背景，但他并不直接向历史学习，相反，经济史倒是要借助于经济理论来加以解释。

理由很明显,这在前面已经指出了。历史学家绝对无法通过分析可利用的材料,推导出有关原因和结果的定理。历史经验不是实验室的经验,而是复杂现象的经验,是各种力量共同作用的结果。

这表明,为什么持有下述看法是错误的:"即便是演绎性的经济学也是从观察那里获得其最终前提的。"[①]我们所能"观察"到的无非是复杂的现象。经济史、观察和经验所能告诉我们的是诸如下面的一些事实:在过去的某一时期,矿工约翰在 X 公司位于 Y 村的煤矿工作,每一工作日干 n 小时的活儿,挣 p 美元。从诸如此类的一堆材料中,我们无法推导出任何理论,来说明是什么因素决定了工资率的高低。

现在有许许多多所谓的经济研究机构。它们收集各种材料,或多或少武断地评论这些材料所涉及的事件,甚至极其大胆地根据这种关于过去的知识预测未来的经济走势。它们把预测未来视为自己的主要目标,于是便将收集到的材料称为"工具"。它们把为政府行动制订计划视为自己最主要的追求,于是便渴求充当"经济总参谋长"的角色,协助国家经济建设总司令开展工作。它们与自然科学研究机构相竞争,力求获得政府和基金会的资助,于是便把它们的办公室称为"实验室",把它们使用的方法称为"实验性"方法。从某些观点来看,它们的努力也许应该受到高度赞赏。但这并不是经济学,而是最近过去的经济史。

[①] 约翰·内维尔·凯恩斯:《政治经济学的范围与方法》(伦敦,1891 年),第 165 页。

2. 对动机的研究

古典经济学没有能够解决价值问题，可公众舆论仍然在被古典经济学所蒙骗。古典经济学家由于无法解决明显的价值评估悖论，也就不能将市场交易的链条追溯到消费者那里，而不得不从工商业者的行动那里开始他们的推理，对于工商业者而言，买者的估价是一个已知的事实。工商业者作为服务于公众的商人，其行为可以用贱买贵卖这个熟语恰当地描述。此熟语的后半部分指的是买者的行为，买者的估价决定了他们愿意为商品支付的价格水平。但古典经济学家丝毫未谈及确立这种估价的过程。此种估价被视为已知数据。如果我们接受这种过于简单化的说法，那就确实可以把商业行为（被误称为经济行为或理性行为）和由商业因素以外的其他因素决定的行为（被误称为非经济行为或非理性行为）区别开来。但如果我们把此熟语运用于消费者的行为，这种分类方法就毫无意义了。

作诸如此类的区分带来的害处是，经济学因此而丧失了真实性。从古典经济学的许多后继者的所作所为来看，经济学的任务不是探究实际发生的事情，而仅仅是探究到底是哪些力量以某种并非十分明确的方式导致了实际事情的发生。在他们那里，经济学实际上不是旨在解释市场价格的形成，而是旨在描述这样一些因素，这些因素与其他因素一起在市场价格形成的过程中发挥了某种并非十分明确的作用。事实上，经济学探究的不是实实在在的人，而是一个幽灵，即"经济人"，一个在本质上不同于真人的人为创造出来的东西。

只要问一问,这种经济人与真人有何不同,上述学说的荒谬性就昭然若揭了。经济人被认为是完全自私自利的、无所不知的,一心想要积累更多的财富。但是,无论买者购买东西是出于"自私的"目的,即为了自己享受,还是为了某些其他的目的是"利他的",譬如是为了向慈善机构进行捐赠,都对市场价格的确定没有任何影响。无论不相干的旁观者认为引导消费者购物的观念是正确的还是错误的,也不会对市场产生任何影响。消费者之所以购物,是因为他认为,获得他想要的商品,要比留着钱不花或花钱买别的东西,更能使自己得到满足。不论他是不是想要积累财富,他都总是竭力用自己拥有的东西最大限度地用在这样一些目的上,这些目的是他自认为最能使自己得到满足的。

只有一个动机决定着所有人的所有行动,那就是直接或间接地并尽可能多地消除所感觉到的不舒服。追求这一目标时,人们会受到自身所有弱点和缺点的影响。决定事情的实际发展进程、价格的形成和所有其他通常所谓的经济现象以及人类历史上所有其他事件的,是这些易犯错误的人们所持有的态度和他们易出错的行动所带来的结果。现代边际效用经济学采用的研究方法,其卓越之处就在于,它充分注意到了这种情况。它不探究理想之人的行动——因为理想之人从本质上说不同于真实的人,而是探究所有那些在分工制下参与社会合作的人作出的选择。

许多批评者说,经济学假设,每一个人都是以完全"理性的"方式行事的,都像在股票交易所买卖股票的投机商那样,仅仅致力于获取尽可能高的收益。他们宣称,真实的人是与此不同的。真实的人还致力于达到其他一些目的,而不仅仅是可以用金钱表示的物质上的好处。

此种流行的推理方式有许多错误和误解。股票交易所中的人,在买卖股票的活动中只受一种意图的驱使,即增加自己的资产。但正是这一意图也刺激着所有其他人的谋利活动。农民想以尽可能高的价格出售其产品,工薪族也急于以可能获得的最高价格出售其付出的努力。商品或服务的卖者在比较提供给他的报酬时,不仅会考虑到他所得到的金钱,还会考虑到所能得到的所有其他好处,这完全与那些批评者所描述的行为特征相一致。

人们在行动中力求达到的具体目标是很不一样的,而且是不断变化的。但是,所有行动都无一例外地只受一个动机的驱使,那就是,用更加适合于行动者的状态取代没有采取行动时的状态。

3. 理论与实践

一种流行的观点把经济学视为有关工商业交易的科学。这种观点认为,经济学与工商业者的关系,就如同学校中讲授和书本中详述的技术与技工、工程师和手艺人的关系。经济学家所谈论和撰写的,仅仅是工商业者所做的那些事情。因此,同从外部观察工商业的理论家相比,工商业者作为实践者,对于经济学问题拥有更为基本的、更为实际的知识和内部消息。理论家所能选择的了解实际情况的最佳办法,就是听取实践者的意见。

然而,经济学并不只是与工商业有关;经济学与所有市场现象及其所有方面有关，而不只是与工商业者的活动有关。消费者的行为——亦即每一个人的行为——同任何其他人的行为一样，也是经济研究的主题。工商业者以其作为工商业者的身份，并不比其他任何人更为紧密地与产生市场现象的过程相关联，或更为深入地介入这一过程。经济学家相对于其研究对象的地位，不应与技术书籍的作者相对于从事实际工作的工程师和工人的地位相比较，而应与生物学家相对于生物——包括人在内——的地位相比较，生物学家是要描述生物的生命机能。视力最好的人并不是眼科专家，而眼科专家甚至可能是近视眼。

一个历史事实是，一些工商业者对经济理论作出了杰出贡献，其中最为突出的是大卫·李嘉图。但还有另一些卓越的经济学家，是"纯粹的"理论家。如今在大多数大学以经济学的名义讲授的许多东西都只会使人产生误解，这门学科的问题不在于教师和课本的作者不是工商业者，或搞实业不成功，而在于他们对经济学一无所知，不会合乎逻辑地思维。

经济学家——与生物学家和心理学家一样——研究的是每个人身上都具有并起作用的那些东西。这使他的工作有别于人类学家，后者是要记录原始部落的风俗习惯。经济学家无须离开自己的家；不管人们怎么嘲笑，反正他可以像逻辑学家和数学家那样，坐在扶手椅上完成其工作。经济学家有别于其他人之处，不是他有秘传的技巧能探究其他人看不到的某种特殊物质，而是他能够以独特的方式观察事物，能发现其他人注意不到的方面。菲利浦·威克斯蒂德在为他的那本名著从歌德的《浮士德》中挑选箴言时，心中正是这么想的。这句箴言是：人生——每一个人都有，但只有少数人了解人生。

4. 概念的实体化陷阱

清晰思维的最大敌人是实体化倾向,即动不动就把实体即真实的存在赋予头脑中构造出来的东西,亦即动不动就把实体加在概念之上。

在人类行动科学中,这种谬误最为明显的例子,是各种冒牌科学使用社会一词的方式。用这个词来表示个人之间进行合作,联合起来达到特定的目的,这没有什么不好。这是构成所谓社会或"大社会"的各种各样的个人行动的一个特定方面。但是,社会本身既不是一个实体,也不是一种力量,更不是一个行动着的生物体。只有个人在行动。一些个人想要与其他人合作。个人之间的合作便产生了社会这一概念所描述的状况。社会脱离了人们的思想和行动,是不会存在的。社会没有"利益",也没有任何目的。所有其他集合名词也是这样。

概念的实体化不仅仅是一种认识论上的谬误,不仅仅会把对知识的追求引入歧途。在所谓社会科学中,它常常服务于某种政治野心,宣称集体本身比个人享有更高的尊严,甚至只将真实的存在赋予集体,否认个人的存在,把个人称为纯粹抽象的观念。

集体主义者们自己在评价各种集体概念时,彼此的意见是不一致的。他们每每宣称,某一个集体要比其他的集体更为真实,更加具有道德上的尊严,他们有时态度更为激进,否认其他人的集体概念是真实的,否认这些概念也是有尊严的。譬如,国家主义者把

"国家"视为唯一真实的集体,认为所有个人只应该效忠于国家,而将所有其他的集体——例如宗教团体——污蔑为等而下之的集体。不过,认识论没有必要讨论由此引发的政治争论。

我们在否认集体本身的独立存在时,丝毫不否认个人之间的合作产生的真实效果。我们只不过是证明了,个人的思想和行动产生了集体,一旦个人采取了不同的思想和行动方式,集体也就消失了。某一个人的思想和行动不仅有助于一个集体的产生,而且也有助于各种集体的产生。例如,这个人的各种态度会有助于建立国家、宗教团体、政党等集体。另一方面,一个人也可以不完全与某一集体断绝关系,而偶尔甚或经常做违背该集体信条的事情。例如,在各国的近代史上,有时会看到,天主教徒会对那些公开反对天主教会的候选人投赞成票。历史学家在研究各种集体时,必须注意,各种合作观念究竟在什么程度上决定了集体成员的思想和行动。譬如,在研究意大利复兴运动史的时候,历史学家必须考察,世俗的罗马教皇国家这一观念究竟在多大程度上和以何种方式影响了所研究的个人和群体的态度。

马克思时代的政治和意识形态状况,使他在宣布自己的生产资料国有化方案时,使用了"社会"这个词而没有使用国家(staat)这个词(这个德文词相当于英文中的 nation)。社会主义的宣传赋予了"社会"这个名词和"社会的"这个形容词以神圣色彩,其表现是,所谓"社会工作",即对分发施舍品及类似活动的管理工作,受到人们宗教般的尊敬。

5. 论拒斥方法论上的个人主义

如果不谈论行动着的个人想要达到的目的,不谈论他们所认为的成与败或得与失,也就提不出有关人类行动的合理命题。我们研究一下个人的行动,便会了解有关行动的一切,因为就我们所知,在这个宇宙中,没有其他实体或存在物,会由于不满意于现状,而尽力通过行动对其加以改善。研究一下行动,我们就会既认识到人的力量,又认识到此种力量的限度。人不是全知全能的,绝不会达到全面而持久的满意状态。人所能做的,只不过是采用适当的手段,用不满意程度较小的状态取代不满意程度较大的状态。

在研究个人的行动时,我们还会了解有关集体和社会的一切。因为集体只存在于个人的行动之中,仅此而已。一些观念使个人作为某一群体的成员而行动,此时便有了集体,当这些观念的说服力减退时,集体也就不复存在了。认知集体的唯一方法,就是分析其成员的行为。

要证明方法论上的个人主义是有道理的并驳斥方法论上的集体主义具有的神话性质,除了人类行动学和经济学已经阐明的那些内容外,我们无须再说什么了。[②] 即便是集体主义最为狂热的鼓吹者,在自认为是在研究集体的行动时,其实研究的也是个人的行动。统计资料记录的并不是集体身上发生的事情,而是构成某

---

② 特别参看米塞斯:《人类行动》,第 41—44 页和第 145—153 页,以及《理论与实践》,第 250 页及以下各页。

些群体的个人身上发生的事情。决定这些群体的素质的因素,是个人的某些特征。至于社会实体,首先需要做的是,弄清楚究竟是什么在逻辑上证明了把个人算作或不算作其群体的成员是正当的。

以上所述也适用于那些似乎是由"物质事实和实体"构成的、而非由"纯粹的"意识形态因素构成的群体,例如源于相同祖先的人们构成的群体,或生活在同一地区的人们构成的群体。同一民族的成员或同一国家的居民相互之间的合作,并不是"自然地"或"必然地"要比与其他民族的成员或其他国家的居民的合作更加紧密。民族团结和种族仇恨等观念,同其他观念一样,也只不过是观念而已,只有在被个人所接受的时候,才会产生相应的行动。野蛮人的原始部落之所以团结得像一个行动单位,像一个社会,是因为其成员深受这样的观念的影响,即忠于自己的部族是正确的行为方式,甚或是他们所能采取的保护自己的唯一方式。诚然,这种原始的思想意识几千年来未遭受严重的争议,但一种思想意识支配人们的头脑很长时间,并不能改变其人类行动学的性质。另有一些思想意识也曾享有很长的寿命,比如君主政治原则。

拒斥方法论上的个人主义意味着,人的行为受某些神秘力量的支配,而这些神秘力量是无法加以分析和描述的。因为,如果我们认识到,促使人行动的是观念,我们就不得不承认,观念产生于某些个人的头脑之中并传递给另一些个人。但由此我们也就接受了方法论上的个人主义的基本论点,即恰恰是个人持有的观念决定了个人对群体的忠诚,于是集体也就不再表现为主动的、按照自己意图而行动的实体。

人与人之间的一切关系,都是观念的衍生物,亦即受观念支配的个人行为。专制君主能够实施统治,是因为其臣民宁愿服从他,而不愿公开反抗他。奴隶主能够将奴隶像物品那样买卖,是因为奴隶心甘情愿听凭奴隶主的摆布。在我们的时代,父母、老师和牧师的权威之所以减弱,甚至有完全消失的危险,也是由于思想意识的转变。

可悲的是,哲学上的个人主义的含义,被集体主义的先驱们曲解了。在他们看来,两难的问题是,个人关心的事情(即个人利益)是否应该放在诸多集体中(任意选定)的某一个所关心的事情之前。不过,个人主义和集体主义之间在认识论上的争论,并不直接涉及这种纯粹的政治问题。个人主义作为从哲学、人类行动学和历史的角度分析人类行动的一项原则,其意义在于证明了,所有的行动都可以追溯至个人,科学方法绝对无法弄清楚特定的外部事件(外部事件往往可以用自然科学的方法来描述)是如何在人的头脑中产生观念、价值判断和意志的。从这个意义上说,不能再进行分解的个人既是探究人类行动的所有努力的起点,也是其终点。

集体主义的方法是拟人的方法,因为它理所当然地认为,个人行动的所有概念都可以运用于集体行动。殊不知,所有的集体都是个人以某种方式行动的产物,都是从那些决定个人行为的观念中衍生出来的。

6. 宏观经济学的研究方法

有些著作家以为,他们在分析市场经济的时候,已经用一种整体的、社会的、普遍的、制度的或宏观经济的研究方法,取代了他们所谓错误的个人主义研究方法。他们是在欺骗自己,也在蒙骗别人。原因是,有关行动的一切推理必然涉及价值判断,涉及追求特定的目的,因为一切行动都有其最终目标。我们看看社会主义制度下普遍存在的情况。在这种制度下,只有一个最高的独裁者决定所有的活动,而所有其他的个人都埋没自己的个性,实际上是将自己完全转变为这个独裁者手中的工具。对于完整的社会主义理论而言,只要考虑最高独裁者的价值判断和行动,似乎就足够了。但是,如果我们讨论的是这样一种制度,在此制度下,并非只是一个人对其特定目的的追求指引着或影响着人们的行动,那我们就不得不把行动产生的影响追溯至不能再对行动作进一步分析的那一点,即追溯至个人的价值判断和个人追求的目的。

宏观经济学采用的研究方法,是把任意挑选出来的市场经济的一部分(通常是一个国家)视为一个整体单位。在这一部分中所发生的一切,都是个人和协调一致的个人组成的群体的行动。但宏观经济学却把所有这些个人行动看作是一个宏观经济总量与另一个宏观经济总量相互作用的结果。

就术语而言,宏观经济学与微观经济学的区别,是借用于现代物理学中微观物理学与宏观物理学之间的区别。微观物理学研究的是原子一级的事物,宏观物理学研究的是人的感官所能察觉的那一级事物。这意味着,从观念上说,单单微观定律就足以涵盖整个物理学领域,宏观定律仅仅方便地使微观定律适应一种特殊的、但时常出现的问题。宏观定律似乎是微观定律的浓缩和删节版。③因而，我们可以认为，宏观物理学演进至微观物理学，是探究实际现象的方法从不那么令人满意的状态发展到较为令人满意的状态。

一些著作家将宏观经济学与微观经济学的区别引入经济学的术语之中，他们心中所想的则正好与上述情形相反。他们的学说暗示，微观经济学是研究经济问题的令人不满意的方法，用宏观经济学取代微观经济学，就相当于采用了一种较为令人满意的方法，而抛弃了一种令人不满意的方法。

如果在推理的过程中，宏观经济学家使用各个买者和卖者在市场上确定的货币价格，那他就是在欺骗自己。始终如一的宏观经济学方法绝不应涉及价格和货币。市场经济是一个社会系统，在这个系统中，许多个人在行动着。表现在市场价格中的个人估价，决定着所有生产活动的进程。如果我们想用整个系统的图像反映市场经济的现实，我们就绝对不能使用价格。

让我们分析一下宏观经济学中一种最为常见的方法，即所谓国民收入法，用这个例子来说明宏观经济学方法种种谬误的一个方面。收入是赢利企业会计方法中的一个概念。企业家为了赢利而为客户服务。他记账，是为了弄清是否达到了这一目的。他（以及本身并不从事工商业的资本家和投资者，还有农场主和各种各样的不动产主）对两个不同时刻用于企业的全部货物所能换取的货币加以比较，从而弄清在这两个时刻之间的时期他的交易活动所得到的结果。从这种计算中，便得到了与资本概念相对的利润

---

③ A.爱丁顿：《物理科学的哲学》（纽约和剑桥，1939年），第28页及以下各页。

和亏损的概念。如果作此种会计计算的企业主把赚到的利润称作"收入",那么他的意思是:即使我消费掉全部收入,我也没有减少投入企业的资本。

现代税法不仅把会计师所认为的由某一企业赚得的利润和企业主所认为的得自于经营该企业的收入称作"收入",而且还把自由职业者的所得以及雇员的薪金和工资称作"收入"。对于整个国家来说,把会计意义上的收入和纯粹税法意义上的收入加在一起,便得到了所谓的"国民收入"数字。

国民收入这一概念是虚幻的,这可以从国民收入随着货币购买力的变化而变化看出来。物价上涨得越剧烈,国民收入增长得越高。在一个货币和信用工具的供应量毫不增加的经济系统之内,若资本不断积累,生产技术由此而逐渐改进,则物价便会不断下降,换言之,货币单位的购买力便会上升。在这种情况下,可用于消费的商品数量会增加,平均生活水平会提高,但这些变化不会表现在国民收入统计数字上。

国民收入这一概念,完全抹杀了市场经济内实际的生产情况。它暗示,致使商品数量增加(或减少)的因素,不是个人的活动,而是在这些活动之上或以外的某种东西。这种神秘的东西产生了一种叫作"国民收入"的数量,接下来的一步是把这一数量"分配"给许许多多的个人。此种方法的政治含义是显而易见的。有人借此批评国民收入"分配"中普遍存在的"不平等"。还有人闭口不谈是什么导致了国民收入的增加或减少,言外之意是,每一个人对于国民收入总量的贡献是一样的。

如果我们问,是什么因素使国民收入增加了,则唯一的回答

第五章　关于经济学的范围与方法的一些常见错误

是，一方面是因为生产中使用的机器设备得到了改进，另一方面是因为更有效地利用了已有的机器设备来满足人的需要。前者是储蓄和积累资本带来的结果，后者是提高技术和企业家活动带来的结果。如果把国民收入（并非由通货膨胀导致）的增加称为经济进步，那就不得不承认，经济进步是储蓄者、发明家和企业家努力的成果。若要没有偏见地分析国民收入，那首先就得告诉人们，每一个人对于所谓国民收入作出的贡献显然是不相等的。此外还得告诉人们，人均资本使用量的增加以及技术的改善和企业家的活动，如何通过提高劳动的边际生产率和工资率，通过提高自然资源使用价格，而使那些并未对生产条件的改善和"国民收入"的提高作出贡献的人们也获得了好处。

"国民收入"法是想要为马克思的一种观点提供辩护，但这种企图是徒劳的。马克思认为，在资本主义制度下，商品是由"社会"生产的，却被个人"占为己有"。此种观点把事情本末倒置了。实际上，生产过程是个人相互合作的活动。每一个合作者都得到他人——在市场上作为买者而相互竞争的人们——愿意为其贡献支付的报酬。为了说起来方便，我们无妨把为每个人的贡献支付的价格加在一起，把由此得到的总数称为国民收入。但是，如果因此而断言，该"总数"是由"国家"生产出来的，（视而不见每个人的贡献是不相等的而）抱怨所谓的分配不平等，那就是无聊的游戏了。

对一个"国家"之内的而不是一个更大或更小集体之内的所有收入进行加总，是有其政治原因的。为何是美国的国民收入，而不是纽约州的"州收入"、韦斯彻斯特县的"县收入"或怀特普莱恩斯市的"市收入"？人们可以提出各种各样的理由，来主张采用美国的"国民收入"这一概念，而不采用上述任何较小地方的收入概念，但这些理由也同样可以用来主张采用囊括美洲大陆所有国家的"大陆收入"这一概念，甚或采用"全球收入"这一概念，而不采用美国的国民收入这一概念。将美国选作计算国民收入的单位，纯粹是政治倾向使然。那些作这种选择的人，常常批评他们所谓的在美国国内或任何其他主权国家领土范围内的个人收入不平等，力图将自己国家公民的收入分配得更为均等。他们既不赞同在世界范围内均等收入，也不赞同在美国的各个州或更小的行政区划内均等收入。你可以同意或不同意他们的政治目标。但你不能否认，国民收入这一宏观经济学概念是一个纯粹的政治口号，没有任何认知上的价值。

7. 现实与游戏

人类的尚未演化成人的祖先，由于自然条件的缘故，相互之间不得不拼死搏斗以求生存。在人的兽性之中，深深地植入了这种侵略的冲动；每个人为了从不够养活所有人的稀缺生存资料中夺得足够大的份额，想要消灭所有那些与其竞争的人。只有强者有机会生存下去。

将人与野兽区别开来的，是用社会合作取代了你死我活的敌对态度。与生俱来的侵略本能得到了抑制，以免它破坏保存生命和满足人类特殊需要的共同努力。或许，为了使受到抑制的但并未被完全消灭的暴力倾向平静下来，不得不求助于模仿战斗的舞蹈和游戏。曾经残酷而一本正经的事情，如今被戏谑地当作游戏

第五章 关于经济学的范围与方法的一些常见错误

加以模仿。比赛看起来像是战斗,但只不过是表演而已。比赛者的一招一式都受比赛规则的严格控制。取胜并不在于消灭对方,而在于达到规则所宣布的获胜状态。比赛不是现实,而只是游戏。比赛是文明人发泄敌对本能的途径。比赛结束时,胜者和败者相互握手,又回到了现实的社会生活之中,而社会生活是合作,不是战斗。

如果把社会合作和文明人所从事的经济活动的本质视为战斗,视为对战斗的模仿,亦即视为比赛,那就从根本上理解错了。在社会合作中,每一个人在追求自身利益的同时,也增进了他人的利益。每一个人在极力改善自身状况的时候,也改善了他人的状况。面包师傅并没有损害那些需要买面包的人。假如面包师傅停止生产面包,医生不再给病人看病,则所有的人都会受到损害。鞋匠向顾客提供鞋子,并不是玩"计谋"想要击败他们。市场上的竞争绝不应混同于动植物之间生物学上的无情竞争,也绝不应混同于(令人遗憾地尚未完全)文明化的国家之间仍然进行的战争。市场上交换学意义上的竞争,其目的是要使每个人在社会中各尽所能,向所有其他人提供其所能提供的最有价值的服务。

总是有一些人在感情上无法想象分工制度下的基本合作原则。我们可以试着从情意学的角度理解他们的这个弱点。买者购买任何商品,都会削弱他购买另外某种他也想得到的商品的购买力,当然了,他认为得到后者不如得到他所实际购买的前者那么重要。从这一观点出发,他认为,他购买任何东西都会妨碍他满足其他的需要。如果他没有购买 A,或者花费较少的钱购买 A,他就能够得到 B。那些眼界狭小的人,只要再向前迈一步,便会推论出,正是出售 A 的人,迫使他放弃了 B。他不把卖者视为满足自己的一种愿望的人,而把卖者视为妨碍自己满足另一种愿望的人。寒冷的天气使他为生炉子购买燃料,而少花钱购买其他东西。但他不是责怪天气,也不是责怪自己想要取暖的欲望,而是责怪卖煤的人。他觉得,这个坏人乘人之危而谋利。

此种推理导致人们得出这样一个结论:商人的利润来自于他人的困境和痛苦。按照这种推理,医生是靠病人生病,而不是靠给病人治病谋生的。面包师是因为人们饥饿,而不是因为提供面包缓解人们的饥饿而生意兴隆的。任何人都只有靠牺牲别人才能谋利;任何人的得利都必然是另一个人的损失。在交换行动中,得利的仅仅是卖方,而买方总是损失惨重。商业活动通过损害买者而使卖者获利。旧的和新的重商主义学说都认为,对外贸易的好处在于出口,而不在于用出口货物购买的进口货物。④

依照这种谬见,商人是一心想要损害大众。可以说,商人就是要玩弄各种手法,来尽可能多地使其敌人遭受灾难。他想要毁灭的对手,不仅有其竞争者,而且还有其未来的顾客,而那些竞争对手像他一样也要侵害大众。据说,若想科学地考察商业活动和市场过程,最为适当的方法就是分析博弈者的行为和策略。⑤

在游戏中,胜利者会得到一定的奖品。如果奖品是由第三方提供的,失败方只是什么也没有得到而已。如果奖品是由参赛双

---

④ 米塞斯:《人类行动》,第 660 页及以下各页。
⑤ J. 冯·诺伊曼和 O. 摩根斯坦:《博弈论与经济行为》(普林斯顿大学出版社,1944 年);R. 邓肯·鲁斯和 H. 赖法:《博弈与决策》(纽约,1957 年);以及许多其他著作和文章。

方共同提供的,失败方就丧失了其赌注而被胜利方得到。可是在商业交易中,双方都会受益。如果买方和卖方在当时的条件之下,都不认为那项交易是最为有利的,他们就不会成交。⑥

诚然,做生意和玩游戏都是理性行为。但是,人类的所有其他活动也是理性行为。科学家进行研究,杀人者谋划犯罪,谋取公职者拉选票,法官力求作出公正的判决,教师教授学生,他们都要运用理性。

玩游戏是一种消遣,是消磨闲暇和无聊时光的一种手段。玩游戏需要付出成本,属于消费领域。而做买卖则是增加商品数量从而维持生活和使生活更加舒适的一种手段,而且是唯一的手段。游戏除了给予参与者和观众快乐外,丝毫无助于改善人类的生存境况。⑦ 把游戏等同于商业活动的成就,那是错误的。

人类为了改善自身的生存境况,不得不采取行动。要采取行动,就得制订计划并决定哪个计划是最为有利的。但商业活动的特征并不是把这样的决定强加在人们的头上,而是旨在改善人们的生活境况。游戏是作乐、运动和嬉戏;商业活动是生活和现实。

8. 对流行见解的误解

若宣称,一种学说产生于时代精神,产生于某个人或某个地方的环境,那便没有对该学说以及该学说引发的行动作出诠释。采

---

⑥ 米塞斯:《人类行动》,第661页及以下各页。
⑦ 旨在娱乐观众的游戏不是严格意义上的游戏,而是属于娱乐业。

用此种解释,仅仅强调了这样一个事实,即:某一种思想与当时其他人在相同环境下所持有的思想是一致的。所谓一个时代的精神,某一集体的成员的精神,或某一环境下产生的精神,就是流行于相关个人之间的学说。

改变某一环境下知识界倾向的,只能是一些前所未闻的思想。对于这些新思想,只有一种解释,那就是出现了一个人,从这个人的头脑中产生了那些新思想。

新思想是思想者对于自然环境的挑战或前人思想受到的挑战作出的回答。历史学家在回顾思想史(以及思想引发的行动)时,会发现思想的接续有某种趋势,于是会说,"从逻辑上讲"前期的思想必然导致后期思想的出现。然而,这种属于后见之明的哲学,没有任何为其辩护的正当理由。此种哲学往往贬低天才人物即思想史上的英雄人物作出的贡献,把他们的成就归因于机遇,这一倾向只在以下一种历史哲学的框架中才是有意义的,这种历史哲学自称知道上帝或某种超人力量(譬如马克思体系中的物质生产力)想要通过指挥所有人的行动完成的隐秘计划。从这样一种哲学的观点来看,所有的人都是傀儡,都必然按照这个创世者的吩咐亦步亦趋。

9. 相信思想万能

当今,关于社会合作,流行观念的一个特征就是,弗洛伊德所说的"相信人的思想是万能的"。[⑧] 当然,在自然科学研究的领域,

---

⑧ 弗洛伊德:《图腾与禁忌》(维也纳,1913 年),第 79 页及以下各页。

（除了精神变态者和神经病患者外）是没有人持有此信念的。但在社会事务领域，人们却坚定地持有这一信念。这个信念是从"多数人不会犯错误"这一学说发展而来的。

启蒙时代政治学说的要点是用代议政治取代君主专制。在西班牙的宪政冲突中，主张议会政治的人士与波旁王朝的斐迪南七世的专制统治展开斗争，这些支持宪政的人被称为自由主义者，拥护国王的人则被称为奴性十足的人。没过多久，自由主义这一名称就在整个欧洲流行开来。

代议政治或议会政治（亦称民治政治或民主政治），就是由多数人选举出来的官员实行统治。蛊惑人心的政客喋喋不休地大讲特讲多数人具有超自然的灵感，以此为代议政治作辩护。不过，如果以为19世纪欧洲和美洲的自由主义者之所以鼓吹自由主义，是因为他们相信普通人亦即多数人具有不会出错的智慧、完美的道德、天生的正义感以及其他美德，那就大错特错了。其实，自由主义者想要保护全体人民的繁荣能够平稳发展，保护全体人民物质和精神上的幸福。他们想要消除贫困与匮乏。为了达到这些目的，他们鼓吹建立这样一些制度，这些制度既有助于各个国家之内所有公民的和平合作，也有助于国际和平。他们认为，战争，无论是国内战争（即革命）还是国外战争，都会干扰人类向着更为令人满意的状况迈进的步伐。他们非常清楚地认识到，市场经济这一现代文明的基础，依靠的就是和平合作，一旦人们不是相互交换商品和服务，而是相互争斗，文明的基础便会崩溃。

另一方面，自由主义者也非常清楚，统治者的强权最终依赖的不是物质力量，而是思想。正如大卫·休谟在其名篇《论政府的首要建基原则》中指出的那样，统治者总是少数人。统治者之所以有权威和权力能让绝大多数臣民服从自己，是由于这些臣民认为，忠于首领和服从首领的命令是最符合自己利益的。如果这种看法变弱，多数人迟早就会起来反抗。革命——即内战——就会推翻不受欢迎的政体和丧失人心的统治者，取而代之的是多数人认为更有助于增进其利益的制度和当政者。为了避免对和平的这种暴力干扰及由此带来的恶果，为了保护经济体系的和平运作，自由主义者主张实行代议政治，由多数人选举产生的代表说了算。在此种体制下，才有可能对公共事务的安排进行和平的变革，才不仅在国内关系方面，而且在国际关系方面，都没有必要诉诸武力和流血。当每一地区都能够由多数人的投票来决定是否建立独立的国家或是否归属于一个更大的国家时，也就不再需要用战争来征服更多的地方了。⑨

19世纪的自由主义者主张由多数人实行统治时，并未抱有任何幻想，认为多数人的智力和道德尽善尽美。他们知道，凡是人都会犯错，多数人有可能被不负责任的煽动者鼓吹的错误理论所蒙蔽，支持会带来灾难或毁灭整个文明的政策。但他们也同样知道，没有任何想象得出来的政治方法可以阻止这样的灾难。极少数有见识的人能够设想出健全的政治管理原则，但如果他们不能赢得

---

⑨ 当然，建立持久和平的首要条件是普遍采用自由放任的资本主义原则。关于这个问题，参看米塞斯：《人类行动》，第680页及以下各页，以及米塞斯：《全能政府》（纽黑文：耶鲁大学出版社，1944年[斯普林米尔斯，宾夕法尼亚州：自由意志出版社]），第89页及以下各页。

其他人的支持,不能说服他们同意那些能够带来和保持繁荣的政策,人类事业和文明便毫无希望。要想保护人类事务顺利发展,除了使平庸的大众接受精英的思想外,别无其他方法。而要做到这一点,就必须说服大众。专制制度是办不到这一点的,这种制度不是启迪大众,而是压服大众。从长期来看,多数人的思想,不管多么有害,都会被推行。因而,人类的未来取决于精英能否将公众舆论引至正确的方向。

这些自由主义者不相信有人不犯错误,也不相信多数人不犯错误。他们对于人类未来抱有乐观态度,是因为他们期待知识精英将说服多数人赞同那些有益的政策。

近百年来的历史并没有实现这一希望。也许,摆脱君主和贵族专制的转变来得太突然了。无论如何,事实是,有一种学说成为了"进步的"政治宣传的基本信条,此种学说认为,普通人在智力和道德上是完善的,因而多数人是不会犯错误的。这种信条在逻辑上进一步发展,便产生了一个信念,即:在社会的政治和经济组织领域,多数人制订的任何方案都会产生令人满意的结果。人们不再问,干预主义或社会主义能否带来其鼓吹者所期望的结果。人们认为,只要大多数投票人赞成某一方案,就无可辩驳地证明,该方案是行得通的,定会带来所期望的好处。没有哪个政治家再关心某项措施是否真能达到想要达到的目的。对他而言,重要的仅仅是,大多数投票人是赞成还是反对该措施。⑩ 只有极少数人关注"纯理论"有关社会主义的论述,只有极少数人关注社会主义在

---

⑩ 这种心态的表现是,政治家都极为看重民意调查的结果。

俄国和其他国家的"实验"经验。我们这个时代的几乎所有人都坚信,社会主义会把人间变为天堂。我们可以把这叫作一厢情愿或相信思想万能。

可是,检验真理的标准是,即便没有人愿意承认真理,真理却照样行得通。

10. 完美政体的概念

"社会工程师"是改革家,凡是那些与他的人类事务安排计划格格不入的人,他都要予以"清算"。然而历史学家,有时甚至是被改革家迫害致死的人,却乐于为改革家已经进行的大屠杀或计划中的大屠杀寻找一些可以原谅的理由,说他终究是出于高尚的抱负,想要使人类达到十全十美的状态。他们认为,他在许许多多乌托邦计划的设计者中享有一席之地。

用这样的方法来为像希特勒这样的虐待狂实施的大规模谋杀作辩解,那的确极为愚蠢。但毫无疑问,指引许多最为血腥的"清算者"行动的那些观念,正是自远古以来一直激励着哲学家努力思考尽善尽美制度的那些观念。哲学家一旦构想出这样一种理想秩序的方案,就会寻找一个人来镇压所有的反对者,从而建立起这种秩序。柏拉图就是这样一个哲学家,他急于找到一个专制统治者来运用自己的权力建立起柏拉图式的理想国。至于别人喜欢不喜欢他自己为大家设想的方案,柏拉图从来没有想到过这个问题。在他看来,不言而喻的是,只有已经变为哲学家的国王和已经变为国王的哲学家才有资格有所作为,而所有其他人,由于没有自己的意志,则必须服从命令。这样的哲学家坚信自己不会犯错误,从他的观点来看,所有持不同意见的人只不过是顽固的反叛者,不知道好歹。

历史的经验,尤其是最近两百年的经验,尚未动摇人们对专制统治者可以拯救人类和必须清算异见者的信念。我们时代的许多人仍然坚信,要使所有的人类事务都达到完全令人满意的状态,所需要做的便是残酷镇压所有"坏"人,而所谓坏人就是与自己的意见不一致的人。他们向往一种完美的政体,在他们看来,假如不是那些"坏人"因为愚蠢和自私而千方百计地阻挠的话,那种制度早就建立起来了。

现代所谓的科学改革派反对采取上述激烈的措施,认为人类状况的全部缺憾都是所谓"政治科学"的失败造成的。他们说,自然科学在最近几百年取得了长足的进步,技术几乎每个月都向我们提供新的工具,使我们的生活更加舒适。但是,"政治上的进步却等于零。"原因是"政治科学在原地踏步"。⑪ 政治科学应当采用自然科学的方法,不应该再把时间浪费在纯粹的思辨上,而应该研究"事实"。因为,正如在自然科学中那样,"在理论之前先要有事实。"⑫

人类状况的每一方面恐怕要比其他事情遭到了更为可悲的误解。若把我们的批评仅限于所牵涉到的认识论问题,则我们不得不说,当今的所谓"政治科学"实际上是历史学的一个分支,探讨的

---

⑪ 诺思科特·帕金森:《政治思想的演进》(波士顿,1958年),第306页。
⑫ 同上,第309页。

是政体史和政治思想史,其内容表现在这样一些著作家的著作中,他们论述政体并勾画出改革的蓝图。这只不过是历史,其本身提供的"事实",如前所述,绝对不是实验性的自然科学中使用的这个词所指的事实。我们无需敦促政治科学家从远古和最近的历史(一些人将最近的历史错误地称为"现在的经验")中搜集所有事实。[13] 实际上,政治科学家在这方面已尽力了。告诉他们说,从这些材料得出的结论应当"用实验来检验",那是毫无意义的。[14] 我们没有必要再一次说,人类行动科学无法做任何实验。

若绝对肯定地宣称,科学永远不会建立起一种有关政治组织的人类行动科学的先验学说(该学说将使一种理论科学与纯历史的政治学科并驾齐驱),那将是十分荒谬的。目前我们所能说的仅仅是,没有哪个现在活着的人知道如何建立这样一种科学。但是,即便人类行为学的这样一个新分支终有一天会出现,它也不会对处理哲学家和政治家急于解决的问题有丝毫用处。

人的每一行动必须用其结果来判断,这是老生常谈。关于这个原则,福音书赞同功利主义哲学的那些常常被人严重误解的学说。但关键是,人们对行动结果的评价差异巨大。一些人认为是好的或最好的事情,往往被另一些人认为是最坏的事情而愤怒地予以拒绝。空想家不屑于告诉我们,什么样的国事安排最能令国人满意。他们只是不厌其烦地说明,其他人的何种状况最能令他们自己满意。无论是他们还是那些尽力想要实现他们计划的专家

---

[13] 同前引书,第314页。
[14] 同上,第314页。

第五章 关于经济学的范围与方法的一些常见错误

们都从未想到过,这两者之间存在着天壤之别。苏联的独裁者及其扈从认为,只要他们自己感到满意,那么俄国的一切就都是美好的。

但是,即使我们为了论证的简洁而把这个问题放在一边,我们也必须强调指出,完美政体这一概念是错误的,是自相矛盾的。

将人提升至所有其他动物之上的,是人认识到,分工原则下的和平合作,比起沉溺于生物学上的残酷竞争、争抢大自然提供的稀缺生存资料来,是一种更好的保存生命和消除不适感的方法。在这一洞见的指引之下,只有人类在所有生物当中有意识地致力于用社会合作取代哲学家所说的自然状态,或一切人反对一切人的战争,或丛林法则。然而,为了维持和平,作为人类,却必须准备好用暴力来击退侵害,无论是国内歹徒的侵害,还是外部敌人的侵害。因此,人类的和平合作,这个繁荣与文明的先决条件,若没有实行镇压和强制的社会机构,即,若没有政府,就不会存在。暴行、抢劫和谋杀等罪恶,只有依靠这样一个机构才能防止,建立该机构是为了防止这些罪恶,但必要时其本身也采取这种行为方式。由此便出现了非法使用暴力和合法使用暴力之间的区别。一些人认识到了这一事实,便把政府也称为一种恶,不过他们承认这是一种必要的恶。然而,为达到大家认为有益的目的而必须具备的东西,并不是道德意义上的一种恶,而是一种手段,是为达到目的付出的代价。可事实依然是,一些行为在由"未经授权的"个人实施时,会令人们极为反感,被认为是犯罪,而由"权力当局"来实施时,却得到赞许。

政府本身不仅不是一种恶,反而是一种最为必要和有益的机构,若没有它,便不可能获得和保持持久的社会合作,文明也不会得到发展和保持。政府是一种手段,用以对付许多人或许是大多数人身上的固有缺陷。假如所有的人都能认识到,若不进行和平的社会合作,人就无以异于野兽,假如所有的人都具有足够的道德力量,力行其所知,那也就无需建立一个实行强制和镇压的社会机构。国家也不是一种恶,而是由于人类心灵和人性存在缺陷,而迫切需要警察力量起作用。政府和国家永远不会尽善尽美,因为它们存在的理由是人类有缺陷;它们只能诉诸暴力,即它们想要防止的东西,来达到自己的目的,即消除人类与生俱来的想要施暴的冲动。

把施暴的权力委托给某一个人或某一群人,是一个权宜之计,也是一把双刃剑。权力对于人,具有太大的诱惑。那些本应保护社会免遭暴力侵害的人们,很容易变为最危险的侵害者。他们会僭越授权范围。他们会滥用权力来压迫那些本来应该由他们保护免遭压迫的人。主要的政治问题是,如何防止警察力量变为实行暴政的力量。这便是一切争取自由的斗争的意义所在。西方文明区别于受到抑制而僵化的东方文明的本质特征过去是,而且现在依然是,西方文明关切的是免受国家控制的自由。从本质上说,从希腊城邦时代一直到当今反抗社会主义的时代,西方文明的历史就是争取自由免受政府官员侵害的历史。

有一派头脑简单的社会哲学家,即无政府主义者对上述情形视而不见,主张人类可以没有政府。他们完全忽略了人不是天使这一事实。他们迟钝得没有意识到,一个人或一群人为了增进自己的短期利益,确确实实会牺牲自己的和所有其他人的长期利益。

如果一个社会不准备挫败这种自私而短视的侵害社会利益的行为,那它就是无可救药的,就会听凭最为愚蠢的、最为残暴的社会成员的宰割。柏拉图在构想其乌托邦时,寄希望于有一小批智力极高且道德无可挑剔的哲学家来处理国事,而无政府主义者则暗示,所有的人都毫无例外地具有极高的智力,而且在道德上是无可挑剔的,殊不知一个人或一群人的短期利益和长期利益是不可兼顾的,任何社会合作制度都无法解决这一两难困境。

人的祖先就力图把所有其他人都打得服服帖帖,人的这种返祖倾向清楚地表现在社会主义大受欢迎上。社会主义就是极权主义。只有独裁者或由独裁者组成的委员会有权主动行动。所有其他人都被剥夺了选择自由,都被剥夺了致力于达到所选定目标的自由;反对者会被清算。每一个社会主义者在赞同这种做法的时候,也就默认,独裁者们,即那些被授予生产管理权和政府职能的人,会完全按照每一个社会主义者自己的意愿行事。每一个社会主义者在神化国家的时候(如果他是个正统马克思主义者,他会把国家称为社会),在赋予国家无限权力的时候,也就是在神化自己,想用暴力镇压所有与其意见相左的人。社会主义者没有看出在处理政治事务方面有什么问题,因为他只管自己满意就行了,没有想到社会主义国家的政府有可能作出社会主义者不喜欢的事情。

"政治科学家"倒是没有把无政府主义者和社会主义者的判断弄得一团糟的那些幻想和自欺欺人的想法。但是,他们却忙于研究浩如烟海的历史材料,精力都放在了细微末节之上,只注意政治舞台上的演员表现出来的猜忌、嫉妒、个人野心和贪婪,这样的例子数也数不过来。于是,他们把人类尝试过的所有政体的失败归因于人在道德和智力上的缺陷。在他们看来，这些制度之所以失败，是因为需要有一些在道德和智力上超乎寻常的人，才能使它们令人满意地运行。从这种学说出发，他们力图设计出一种可以说是自动运行的政治秩序，不受人的无能和罪恶的干扰。这种理想的制度应当能够保证公务得到完满的执行，尽管统治者和人民身上都有腐败和效率低下的毛病。那些想要建立这样一种法律制度的人并不像乌托邦的设计者那样幻想，所有的人至少是少数精英是无可挑剔的，是高效的。他们为自己以现实的方法解决了这个问题而洋洋得意。但是，他们从未问一下自己，沾染有人性中所有固有毛病的人，怎么会自愿顺从一种使他们无法为所欲为的秩序。

然而，这种所谓现实方法的主要缺陷还不止于此。它还抱有这样一种幻想，即：政府这个主要运用暴力的机构，会按照断然谴责使用暴力的道德原则行事。政府正在强制人民服从，正在把人民投进监狱，正在屠杀人民。人民很容易忘记这一点，因为遵纪守法的公民逆来顺受，总是服从当局的命令以免受到惩罚。法理学家则更为现实，把不附有制裁措施的法律称为不完善的法律。人制定的法律，其权威完全仰赖于执行法律的警察手中掌握的武器。有人说，政府的行动是必要的，是有益的，但这丝毫不会消除或减轻那些在监狱中煎熬的人们遭受的痛苦。若某一机构的活动实质上是施加痛苦的话，那就没有任何改革可以使它的运行变得完全令人满意。

未能找到完美政体的责任，不在于有人说的所谓政治科学的落后。如果人是完美的，也就根本不需要有政府。既然人是不完美的，也就没有哪种政体能令人满意地运行。

人的卓越之处在于他有能力选择目的,有能力采取手段达到所选定的目的;政府的活动则旨在限制个人的这种选择自由。每个人都力图避免给自己带来痛苦的事情;而政府的活动终究是会给人带来痛苦的。人类的一切伟大成就,都是个人自发努力的成果;而政府则要用强制代替自愿的行动。固然,政府是不可或缺的,因为人不是完美的。但是,既然政府是用来对付人在某些方面的不完美之处的,它也就绝不会是完美的。

11. 行为科学

自封的行为科学想要用科学方法探究人类行为。[15] 行为科学家认为人类行为学和经济学采用的方法是"非科学的",是"理性主义的",而加以拒斥。另一方面,他们也诋毁历史学,认为历史学沾染了研究文物的恶习,对于改善人类状况毫无实际用处。他们许诺,他们的所谓新学科将探究人类行为的每一方面,由此提供的知识将会对改善人类命运的努力作出无可估量的贡献。

这种新科学的代表人物不愿意承认,他们是历史学家,采用的是历史研究的方法。[16] 时常——但并非总是——把他们与正规历史学家区别开来的是,他们跟社会学家一样,选取的研究主题是最近的情况,是大多数以前的历史学家常常忽视的人类行为的那些方面。更加值得注意的是,他们的论著常常提出某一项政策,说是

---

[15] 千万不要把"行为科学"与行为主义混淆在一起。关于后者,参见米塞斯:《人类行动》,第28页。

[16] 当然,这些学者当中的一些人研究的是医学和卫生方面的问题。

历史告诉我们的,这是一种早已被正统历史学家所摈弃的态度。在这里,我们不打算批评这些著作和文章中运用的方法,也不打算质疑这些作者有时表现出来的颇为天真的政治偏见。对于这些行为研究,应该予以注意的是,它们忽视了历史学的一个最为重要的认识论原则,即相关性原则。

在自然科学的实验研究中,能够观察到的一切事物都有足够大的关联性而应该被记录下来。一切自然科学研究的基础是这样一项先验原则,即所发生的一切事件都是先前事件的正常结果而必然会发生的。依据该原则,人们正确观察到和正确描述的每一事件,都是必须纳入学说的理论体系的事实。对经验的每一描述都会对知识整体产生某种影响。因此,每一研究计划,若认真而熟练地完成,都应认为是对人类的科学努力做出的贡献。

历史科学的情形则与此不同。它们探究的是人类行为,亦即激发行为的价值判断、用来完成行为的那些手段是否合适,以及行为带来的结果。这些因素的每一个都在一个接着一个的事件中发挥各自的作用。历史学家的主要任务是,尽可能正确地指出每一因素的作用范围。这种准定量工作,这种确定每一因素相关性的工作,是要求历史科学的独特理解力履行的职能之一。[17]

在历史学(按照这个词的最广义来理解)领域,能够成为研究对象的主题多种多样,差异巨大。如果大而化之地将"人类行为"确定为一个学科的研究对象,那是毫无意义的。人想要达到的目的是无限多的,所能采取的手段也是无限多的。历史学家(或就此

---

[17] 参见前面第66页。

第五章 关于经济学的范围与方法的一些常见错误　117

而言,行为科学家)必须选择一个与人类命运从而也与扩大我们的知识相关联的主题来研究。他不应该把时间浪费在琐事上。他在选择自己著述的主题时,也就给自己归了类。有人撰写自由的历史,有人撰写纸牌的历史。有人为但丁作传,也有人为时髦饭店的侍者领班作传。⑱

有关人类过去的一些大题目都已经被传统的历史科学研究过了,留给行为科学的便是有关普通人的快乐、忧愁和犯罪的琐细研究。搜集有关这类事情的最新材料,不需要什么特殊的知识或技术。每个大学生都可以立刻从事这样的工作。此类题目多得数不过来,都可以作为博士论文和更长篇幅论著的论题。许多这样的论著探究的是极为琐屑的事物,对于丰富我们的知识毫无价值。

从相关性原则的观点来看,这些所谓的行为科学急需重新确定研究方向。的确,我们可以为每个题目都写出一部巨著。但问题是,这样的著作研究的东西,从理论或实践的观点来看,是否算得上是相关的。

---

⑱　卡尔·施瑞夫特基塞:《华尔道夫饭店的奥斯卡》(纽约,1943年),248页。

第六章　忽视经济思考带来的另一些结果

1. 探究人的问题的动物学方法

自然主义想用动物学探究所有其他生物的方法探究人类行为的问题。行为主义想抹杀人类行为与动物行为的区别。这些学说没有为人的特质，即有意识地追求选定的目的，留下任何余地。它们忽视人的心灵。合目的性这一概念对于它们来说是陌生的。

从动物学的观点看，人是动物。但人与所有其他动物之间有一根本的区别。每一种动物都天然地是其他每一种动物的死敌，尤其是，每一动物都是自己所在物种所有其他成员的死敌。因为生存资料是稀缺的，不足以让所有刚出生的动物都存活下来，不足以让所有已经存活下来的动物都尽其天年。这种不可调和的利害冲突，首先存在于同一物种的成员之间，因为它们的生存依赖于相同的食物。大自然真的是血淋淋的，一点也不夸张。①

但人也是动物。但人却不同于所有其他动物，因为他凭借理

---

① 丁尼生：《悼念集》，第56首，第4行。

性，发现了一条伟大的宇宙法则，即分工原则下的合作可提高生产力。正如亚里士多德所说，人是社会动物，但他之所以具有"社会性"，并非因为他的动物性是如此，而是因为他具有人的特质。人类的每一分子并不是在残酷的生物学竞争中相互拼得你死我活的敌人，而是在改善外部环境以增进自身福利的共同努力中的合作者或潜在的合作者。有一道不可逾越的鸿沟将人与所有那些没有能力理解社会合作之意义的动物区别了开来。

2. "社会科学"的研究方法

人们习惯于使用"社会"这个词将社会合作人格化。据说，某种神秘的超人力量创造了社会，强制性地要求人为了社会的利益牺牲小我的利益。

科学地论述相关的问题，首先就要彻底摈弃这种类似于神话的探究方法。个人为了与其他人合作而放弃的东西，并不是与社会这个幽灵的利益相对立的个人利益。他放弃的是眼前的福利，以便未来收获更大的福利。他的牺牲是暂时的。他要在自身的短期利益和长期利益之间作出选择。古典经济学家把个人的长期利益称为"得到了正确理解的"利益。

功利主义哲学并不把道德准则视为由专横的上帝强加在人头上的任意的法律，人不得提出任何疑问而必须加以服从。人要达到自己想要达到的所有那些目的，唯一的办法就是按照那些为了维持社会合作而必须遵守的准则行事。

从基督教教义的观点来看，想要拒绝这种对道德的理性主义解释，是徒劳的。根据基督教神学和哲学的基本学说，上帝创造了人的心灵，赋予了人思考的能力。由于神启和人的理性都是神力的表现，这两者之间最终就不可能有任何不一致。上帝不会自相矛盾。哲学和神学的目的是要证明，神启和理性之间是一致的。早期基督教哲学和经院哲学就是要解决这个问题。② 这些思想家大都怀疑，若没有神启的帮助，人的心灵能否知晓一些教义——尤其是有关道成肉身的教义和有关三位一体的教义——的内容。但他们对于人的理性在所有其他方面的能力，却没有表示严重的怀疑。

启蒙运动的社会哲学和古典经济学家讲授的功利主义学说通常遭受的抨击，并非源自基督教神学，而是源自有神论者、无神论者和反有神论者的推理。他们理所当然地认为，存在着某些集体，既不问这些集体是怎么来的，也不问在什么意义上可以说存在着这些集体。他们为他们选定的集体——人类、种族、国家（这里指该词在英语和法语中的含义，与德语中 Staat 的意思一致）、民族（所有说同一种语言的人）、（马克思所说的）社会阶级——赋予了行动着的个人所具有的一切特性。他们坚持认为，这些集体的真实性可以被我们直接感觉到，而且它们的存在不依赖于且高于隶属于它们的个人的行为。他们认为，道德律迫使个人将自己"卑劣的"私欲服从于集体利益，个人"理所当然地"从属于集体，且应无条件地效忠于集体。如果有谁追求自身利益，或不效忠于"真正的"集体而效忠于"假冒的"集体，那他就是个不听话的人。

集体主义的主要特征是，它不考虑个人的意志和道德自决。

---

② L.鲁吉耶：《经院哲学与托马斯主义》（巴黎，1925 年），第 36 页及以下各页，第 84 页及以下各页，第 102 页及以下各页。

第六章 忽视经济思考带来的另一些结果

按照集体主义的哲学，个人天生是属于集体的，自然应该像期待于集体成员那样行事。被谁期待呢？当然是被这样一些人所期待，这些人依据某一神秘之人发布的神秘命令，被授予了决定集体意志并指挥集体行动的任务。

在法国大革命以前的旧制度下，权威主义建立在一种神权学说的基础之上。受过洗的国王承蒙上帝恩典进行统治；他发布的命令就是上帝的命令。他是国家的化身；"法兰西"既是国王的名称，也是国家的名称。国王的儿女亦即法兰西的儿女。违抗国王命令的臣民就是反叛者。

启蒙运动的社会哲学拒绝接受这种臆说。它将所有法国儿女称为祖国的儿女。在各种重要的政治问题上，不再强求意见一致。代议制——民治政治——承认，人民对于政治问题可以持有不同意见，意见相同的人可以结为党派。执政党的统治以大多数人的支持为条件。

集体主义的新权威主义把这种"相对主义"污蔑为是违反人性的。集体被看作是高于个人利益的实体。个人是否自发地同意整体的利益，这无关紧要。无论如何，个人有责任同意整体的利益。不存在什么党派，存在的只是集体。③ 所有的人在道德上都必须服从集体的命令。如果不服从，就强迫他们服从。这就是苏联元帅朱可夫所称的"理想主义的"制度，这种制度是与西方个人主义

---

③ 从词源学上说，"政党"（party）这个词来源于"部分"（part）这个词，而"部分"是与整体相对的。一个没有兄弟的政党无异于整体，因而也就不是政党。"一党制"这个词是俄国共产党人发明的（并被意大利的法西斯主义者和德国的纳粹党人所效仿），用以掩盖对个人自由和个人发表不同意见的权利的剥夺。

的"物质第一主义制度"相对立的,美国三军总司令已感到"有点儿难以"为后一种制度辩护了。④

"社会科学"致力于宣传集体主义学说。它们不想浪费笔墨否认个人的存在或证明个人的堕落,这是一项不可能完成的任务。它们把社会科学的目标界定为,关注个人作为群体的成员所从事的活动,⑤言外之意是,这样界定的社会科学涵盖不属于自然科学的一切事物,于是它们就对个人的存在视而不见。在它们看来,群体或集体的存在是一个终极性的设定。它们不去探求究竟是哪些因素使个人相互合作,从而创造了所谓群体或集体。对于它们来说,集体如同生命或心灵一样,是一原始现象,科学不能将其起源追溯至另外某种现象的运作。因此,社会科学便不知道如何解释,究竟为何存在着数量众多的集体,究竟为何相同的个人同时是不同集体的成员。

3. 经济学的研究方法

经济学或交换科学,是探究人类行为的理论科学中截至目前

---

④ 关于这件事,参见 W.F.巴克利:《从自由主义的睡梦中醒来》(纽约,1959年)。(巴克利的引语取自1957年7月艾森豪威尔总统的一次新闻发布会,在这次新闻发布会上,他描述了自己曾与朱可夫元帅展开的一次讨论,艾森豪威尔当时是美国三军总司令。艾森豪威尔说,他早已认识朱可夫元帅,"与他的相识和友谊都令人很愉快。我想,他是个坚定的共产主义者。……我们各自都试图向对方说明自己国家的制度对个人意味着什么。他坚称,他们国家的制度对理想主义者很有吸引力,而我们国家的制度则完全是对物质第一主义者有吸引力,这使我不知如何作答,一时难以为我们的立场辩护。"——译者注)

⑤ E.R.A.塞利格曼:"社会科学是什么?",载《社会科学百科全书》,第1卷,第3页。

得到详尽阐述的唯一分科。经济学把集体看作是个人之间合作的创造物。人们心中的指导思想是,最好是通过合作或只有通过合作,才能达到所追求的目的,于是人们便彼此联系,相互合作,由此也就产生了所谓的群体或集体,乃至人类社会。

集体化或社会化的典型是市场经济,集体行动的根本原则是相互交换服务,亦即"我给予,你也给予"。每个人给予某种东西或提供某种服务,为的是得到别人的某种东西或服务。他放弃自己估价较低的东西,以得到交易时自己更想得到的东西。他之所以进行交换(买卖),是因为他认为,这是他当时所能做的最有利的事情。

社会科学曲解了所有相关词语的意思,使人们无法在思想上理解个人在交换商品和服务中所做的事情。在社会科学的术语中,"社会"一词的含义,并不是个人为了改善其境况用相互之间的合作取代孤立的努力所带来的结果,而是一个神秘的集体性实体,社会科学指望一群统治者以这个实体的名义照料所有其他人。因此,社会科学使用的是"社会的"这个形容词,而不是"社会化"这个名词。

个人之间的社会合作,亦即社会,其基础既可以是自发的协作,也可以是命令和服从;用亨利·萨姆纳·梅因的话来说,既可以是契约,也可以是身份。在契约社会的结构中,个人是自发地将自己并入进去的;在身份社会的结构中,个人的地位和职能——亦即责任——是由那些掌管强制性和压迫性社会机构的人指定的。在契约社会中,这种机构——亦即政府或国家——只是为了镇压那些企图颠覆相互交换服务制度的暴力性或欺诈性的阴谋,才进行干预，而在身份社会中，这种机构是依靠命令和禁令来使整个系统运行的。

市场经济不是由一个大师设计出来的；不是先制订出一个乌托邦计划，然后再付诸实施。个人自发行动的目的仅仅是，改善自身的满足状况，从而一步一步地动摇了强制性的身份制的威信。因而，只是到了经济自由的高效率不再受到质疑时，社会哲学才登上舞台，推翻了身份制的意识形态。前资本主义秩序的拥护者享有的政治优势，被一场场内战一扫而光。市场经济本身不是暴力行动——革命——的产物，而是一连串渐进和平转变的产物。"工业革命"一词有种种含义，但它们都会使人产生完全的误解。

4. 评法律术语

在政治领域，暴力推翻前资本主义的统治方式带来的结果是，人们完全抛弃了封建的公法概念，而发展出一种新的宪法学说，其法律概念和术语都是前所未闻的。(只有英国是例外，皇权至上制先是转变为特权地主阶级至上制，然后再转变为代议制，通过一连串的和平转变成年人才享有选举权；[6]因而，旧制度的术语大多被保留了下来，尽管它们的原始意义实际上早已不复存在了。)在民

---

[6] 并不是17世纪的那些革命，转变了英国的政治制度。第一次革命的成果因王政复辟而丧失，在1688年的光荣革命中，王位只是从"合法的"国王转给了王室的其他成员。王朝专制统治与地主贵族之间的斗争贯穿于18世纪的大部分时间。只是在汉诺威王朝的第三位国王想要恢复都铎王朝和斯图亚特王朝的个人统治的企图被挫败后，这种斗争才终止。19世纪进行了一连串的选举权改革，人民统治才取代了贵族统治。

第六章 忽视经济思考带来的另一些结果

法领域,从前资本主义状况转变为资本主义状况,是由一些人进行的许许多多小的改变促成的,这些人没有能力从形式上改变传统的法律制度和概念。做生意的新方法产生了一些新的法律分支,它们是由此前的商业惯例和习惯做法发展而来的。但是,不管这些新方法多么彻底地改变了传统法律制度的实质和意义,人们还是认为,旧法律中那些仍在使用的术语和概念所意指的,依旧是它们很久以前所意指的那种社会和经济状况。传统术语的保留,使肤浅的观察者没有注意到已经发生的根本变化所具有的全部意义。这方面的突出例子,是所有权这一概念的使用。

如果每个家庭在经济上基本上是自给自足的,因而绝大部分产品通常无需交换,那么,生产资料所有权的含义就与消费资料所有权的含义没有什么不同。在每一种情况下,所有权都只为所有者服务。拥有某种东西,无论是生产资料还是消费资料,其意义都只是为了自己而拥有,都只是为了自身的满足而与其发生关系。

但在市场经济的框架中,情形则完全不同。生产资料的所有者不得不用生产资料来最大限度地满足消费者的需要。如果其他人为消费者服务得更好而使他黯然失色,他就会丧失所有权。在市场经济中,是通过为公众服务来获得和保持所有权的,一旦公众对服务感到不满意,所有权就会丧失。生产要素的私人所有权,可以说是公众的一项委托,一旦消费者认为其他人会运用得更加有效,就会撤销委托。在盈亏制度下,所有者不得不把"自己的"所有权当作别人委托的所有权,必须为了最大限度地满足实际的受益人即消费者而运用受托的所有权。所有的生产要素——其中也包括人力要素,即劳动——都是为市场经济的全体成员服务的。这便是资本主义制度下物质生产要素私人所有权的真意和性质。这一真意和性质之被忽视和误解,只是因为人们——包括经济学家、律师以及普通人——被以下事实引入了歧途,即:由前资本主义时代的司法实践和学说发展而来的所有权,在其实际意义已发生了根本改变之后,其法律概念一直没有变化,或只有微小的变化。⑦

我们有必要在分析人类行动科学的认识论问题时,讨论这个问题,因为它表明,现代人类行动学的研究方法与研究社会状况的旧传统方法之间,存在着多么巨大的根本性差别。一代又一代的学者,盲目而不加批判地接受了前资本主义时代的法律学说,完全未能看出市场经济的特征,未能看出市场经济内生产资料私人所有权的特征。在他们看来,资本家和企业家似乎是不负责任的独裁者,为了自身的利益而经商,丝毫不顾及他人。他们把利润描绘为黑钱,得自于"剥削"雇员和消费者。他们慷慨激昂地谴责利润,而未能认识到,正是由于必须赚取利润和避免亏损,才迫使"剥削者"尽可能地满足消费者,向消费者提供他们最急需的商品和服务。消费者是至高无上的,因为他们最终决定了生产什么产品,生产多少产品以及生产何种品质的产品。

5. 消费者主权

市场经济的特点之一是,它以独特方式解决了由人在生理、道

---

⑦ 参见米塞斯:德文版《社会主义》(第 2 版;耶拿,1932 年),第 15 页及以下各页。(英文翻译版《社会主义》[耶鲁大学出版社,1951 年(重印版,印第安纳波利斯,印第安纳州,自由基金,1981 年)],第 40 页及以下各页。)

第六章　忽视经济思考带来的另一些结果

德和智力上的不平等带来的那些问题。

在前资本主义时代,享有优势的人,即聪明能干的人,总是征服和奴役不那么能干的大众。在身份社会,有社会等级;有主人和仆人。干一切事情,都只是为了前者的利益,后者必须为主人做苦工。

在市场经济中,盈亏制逼迫优秀的人们为每一个人(其中包括不那么优秀的大众)服务。在市场经济的框架中,要达到最为令人满意的状况,只能依靠造福于一切人的行动。作为消费者的大众,最终决定着每个人的收入和财富。大众将资本货物的控制权委托给这样一些人,这些人知道如何运用资本货物来最好地满足大众的需要。

当然,有识之士会说,我们不应当把那些在市场经济中过得最好的人视为人类中最为优秀的分子。芸芸大众并不服膺比他们有见识的人。他们判断每一个人的立脚点是,能否满足他们的欲望。所以,拳击冠军和侦探小说作家享有比哲学家和诗人更高的声望,挣更多的钱。那些为此而悲叹的人无疑是正确的。但我们设计不出一种社会制度,能公平奖励革新者作出的贡献——革新者的天才引领人类接触到前所未知的新观念,但最初却会被所有那些缺少这种灵感的人所拒绝。

所谓的市场上的民主带来的是这样一种状况,即:从事生产活动的是这样一些人,他们的所作所为因为人民大众购买他们的产品而得到了认可。消费者让那些为他们服务得最好的企业家的企业获利,从而把生产要素的控制权转移到他们手里。如果政府课征利润税而使人民大众的上述决定归于无效,那么从严格意义上说，这是反社会的。从真正的社会观点来看，不课征利润税而课征亏损税，反倒更有益于社会。

人民大众厌恶资本主义制度，把他们自己的行为创造出来的利润污蔑为不公平，这最为令人信服地表明，人民大众的见识肤浅。没收一切私有财产，将其平均分配给所有社会成员，这样的要求只是在完全的农业社会中才有意义。在农业社会中，一些人拥有大量财产，必然导致另一些人一无所有，或拥有的财产不足以养活自己和家人。但在生活水平取决于资本货物供应的社会中，情况则不同。资本的积累，靠的是节俭和储蓄，资本的保持，靠的是不挥霍浪费。工业社会中富人的财富，既是大众幸福的原因，也是大众幸福的结果。而且，没有财富的人，因富人拥有财富而生活富裕，并不因富人拥有财富而生活贫困。

当代的一些政策造成的景象，的确是荒谬的。推销商和投机商利欲熏心，备受抨击，可他们却天天向大众提供前所未闻的各种商品和服务。丰富的商品涌向大众，可他们却不知道所有这些新奇的小玩意儿是如何生产出来的。资本主义制度的这些受益人感觉迟钝，沉溺于幻觉之中，误以为是他们自己每天的日常工作，创造出了所有这些奇迹。他们将选票投给那些支持破坏活动的统治者。"大企业"身不由己地一心迎合消费大众，消费大众却将大企业视作头号公敌；在他们看来，凡是能"惩罚"他们所嫉妒的大企业的措施，就能改善他们自己的状况，于是他们便赞同此类措施。

当然，分析这类问题，不是认识论的任务。

第七章 一元论在认识论上的根源

1. 一元论的非经验性

正如前面已经指出的，人的世界观是决定论的。人不能想象绝对的无，不能想象某种东西源自于无，某种东西从外部侵入宇宙。人的宇宙概念囊括存在的一切。人的时间概念是无始无终的。现在和将来的一切，都潜存于以前经已存在的事物之中。已经发生的事情，都是必然要发生的。想要全面解释每一事件，就得无穷无尽地、一步一步地向后回溯。

这种连续不断的决定论，是实验性自然科学所做所教的一切在认识论上的起点，但却并非来自于经验，而是先验的。[①] 逻辑实证主义者认识到决定论的先验性，于是他们忠实于自己教条式的经验主义，坚决摈弃决定论。但他们没有意识到，他们信念中的那一基本信条，即：用一元论解释一切现象，没有任何逻辑或经验基础。自然科学的经验主义所展示的，是两个领域的二元论，关于这

---

① "科学是决定论的；科学是先验的；科学的公设是决定论，因为没有决定论，科学也就无法存在。"昂利·彭加勒：《最后的沉思》(巴黎，1913年)，第244页。

两个领域的相互关系,我们知之甚少。一方面是我们的感官可以感知到的外部事件的运行轨道,另一方面是看不见摸不着的思想和观念的运行轨道。如果我们不仅假定,发展出叫作心灵的那种能力已潜存于永恒存在的原始事物的结构中,并由这些事物的本性必然产生的连续不断的事件而使其臻于完成,而且我们还假定,在这一过程中,没有什么事情不可以还原为物理和化学事件,那么,我们就是在根据一条武断的定理来推论。没有经验能够支持或反驳这样一种学说。

截至目前,关于身心问题,实验性的自然科学已经告诉我们的仅仅是,在人的思考与行动能力和人的身体状况之间存在着某种关系。我们知道,大脑损伤会严重削弱甚或完全破坏人的脑力,而死亡,即活性组织生理机能的完全解体,必然会消除别人的心灵所能注意到的那些心灵活动。但是,我们对在活人身体内部产生思想与观念的过程却一无所知。冲击人心灵的几乎完全相同的外部事件,对于不同的人和在不同的时间相同的人,会产生不同的思想和观念。生理学没有任何办法可以适当探究心灵对刺激的反应这一现象。自然科学不能用其自己的方法来分析一个人赋予外部世界事件的意义,或一个人赋予其他人的意义。拉·美特利和费尔巴哈的唯物主义哲学以及海克尔的一元论,不是自然科学,而是形而上学学说,旨在解释自然科学无法探究的一些东西。实证主义和新实证主义的一元论学说也是如此。

我们确认上述事实,不是想要嘲笑唯物论一元论的那些学说,也不是认为它们是胡说八道。只有实证主义者将一切形而上学的思辨视为胡说八道并拒斥所有的先验论。有见识的哲学家和科学

第七章　一元论在认识论上的根源

家毫无保留地承认,自然科学当中没有任何东西可以用来证明实证主义和唯物主义的信条是有道理的,这些学派向人们讲授的也是形而上学,而且是令人很不满意的一种形而上学。

那些自称为激进的或纯粹的经验主义的学说,将实验性的自然科学以外的一切污蔑为胡说八道,可它们没有认识到,它们自己的所谓经验主义的理论核心,完全是依据一个未经证实的前提进行推论。自然科学所能做的仅仅是,将人的感官能够——直接或间接——感知的一切现象追溯至一系列最终给定的资料。我们可以拒绝对经验作出二元或多元的解释,并假设随着未来科学知识的发展,所有这些最终的资料都可以追溯至一个共同的来源。但是,这样的假设不是实验性的自然科学,而是一种形而上学的解释。若进一步假设,上述共同的来源也似乎是一切精神现象的根源,那也是一种形而上学的解释。

另一方面,哲学家想用世俗的思维方式,要么用先验的推理,要么根据看得见摸得着的现象的某些被观察到的性质进行推论,来证明存在着一个至高无上者,可所有这样的尝试都陷入了死胡同。然而,我们不得不承认,也同样不可能用上述哲学方法来从逻辑上证明不存在上帝,或拒斥以下两个论点——一个论点是:上帝创造了某种东西,正是从这种东西中产生了自然科学所探究的一切事物;另一个论点是:人的心灵的无法解释的能力,过去和现在都产生于上帝对宇宙事务的不断干预。根据基督教教义,上帝创造了每一个人的灵魂,这个教义既不能用推理来反驳,也不能用推理来证明。无论是自然科学的辉煌成就还是先验推理,都无法反驳杜布瓦-雷蒙的那句话,即"我们永远是无知的"。

绝不可能有逻辑实证主义和经验主义所说的那种"科学哲学"。人的心灵在探求知识时之所以要求助于哲学或神学，正是因为它想要解释自然科学无法解答的问题。哲学探究的事物超出了人的心灵的逻辑结构使人能够仰仗自然科学的成就作出推论的范围。

2. 实证主义兴起的历史背景

如果有人说，自然科学——至少到目前为止——尚未对阐释人的行动问题作出任何贡献，那他便没有令人满意地刻画出这个问题的特征。要正确地描述当前的情况，就得强调指出，自然科学甚至尚没有思维工具来意识到存在着人的行动问题。在自然科学的体系与结构中，根本没有观念和终极原因的地位。自然科学的术语中也根本没有概念和词语可提供研究心灵和行动的适当方向。而且，自然科学的一切成就，无论多么不可思议，无论多么有益于人类，对于形而上学和宗教教义想要探究的那些基本哲学问题，却连皮毛都没有触及。

我们可以很容易地解释，为什么人们会普遍接受与此相反的看法。一切形而上学和宗教教义，除了神学和道德说教外，还包含一些关于自然事件的站不住脚的论点，随着自然科学的不断发展，这些论点不仅遭到了驳斥，甚至还常常被人嘲笑。神学家和形而上学家固执地竭力为这些论点辩护，尽管这些论点只是表面上与他们的核心道德启示有联系，而且在受过科学训练的人看来，这些论点只不过是一些极为荒诞的寓言和神话故事。教会的世俗力量

第七章 一元论在认识论上的根源

对那些胆敢偏离宗教论点的科学家进行迫害。西方基督教活动范围内的科学史,是一连串冲突的历史,在这些冲突中,科学理论总是战胜官方神学理论。在每一场争论中,神学家最终都不得不服输,承认对手是正确的,自己错了。其中最难堪的失败——也许不是神学本身的失败,但无疑是神学家的失败——是那场有关进化论的辩论的结果。

于是人们便幻想,神学曾经探究的所有问题,终有一天会由自然科学全面而彻底地解决。哥白尼和伽利略曾用较好的天体运行说取代了教会支持的站不住脚的学说,因而人们预期,未来的科学家会成功地用"科学的"真理代替所有其他"迷信的"学说。我们可以批评孔德、马克思以及海克尔的相当天真的认识论和哲学,但我们不应忘记,他们的过分简单化是对当今所谓的原教旨主义甚至更为简单的教义作出的反应。原教旨主义是一种教条主义,现如今没有哪个聪明的神学家胆敢再采用了。

我们提及上述事实,并不是要原谅粗糙的当代实证主义,更不是要为它辩护,而只是想让大家更好地了解实证主义兴起的思想环境。不幸的是,粗俗而狂热的实证主义信徒如今正在激起一种反动,会严重阻碍人类思想的未来发展。正如在罗马帝国末期那样,现如今,各种崇拜偶像的派别又大行其道,出现了唯灵论、伏都教等学说和实践,其中许多都源自原始部落的迷信。占星卜卦的勾当又复盛行。我们的时代不仅是科学的时代,也是极其荒诞的迷信很容易被人轻信的时代。

3. 自然科学的情况

　　实证主义的强势发展引发了过度反应,带来了上述那些灾难性后果,因而我们有必要再一次指出,自然科学的实验方法仅仅适合处理与其有关的问题。这里,我们不想重新讨论那些质疑因果关系范畴和决定论的努力,但我们不得不强调的是,实证主义的问题不是在于它关于实验性自然科学的方法所教导我们的那些,而是在于它对自然科学——至少到目前为止——无能为力的那些事情说的话。经由波普[②]修正的可证实性这一实证主义原则,作为自然科学的认识论原则,是无懈可击的。但是,若把它应用于自然科学提供不了任何信息的那些事情,它就毫无意义了。

　　本文不打算讨论任何形而上学学说提出的主张,也不打算讨论形而上学本身。人的心灵的性质和逻辑结构,使许多人无论对于什么问题,都不能满足于处于无知状态,也不会轻易同意由于极为狂热地追求知识而导致的不可知论。形而上学和神学并不是像实证主义者宣称的那样,是人类所不应从事的活动的成果,是人类原始时代的遗迹,文明人应该加以摒弃。形而上学和神学表现出的,是人对知识的不可遏制的欲求。无论这种对无限知识的渴求能否得到充分满足,人都不会停止对无限知识的热烈追求。[③] 宗教的或形而上学的信条,只要不与任何先验的和经验的可靠学说

---

②　参见前面第69页。
③　"人思考形而上学问题,就宛如人通常不由自主地、不知不觉地呼吸。"E.梅耶松:《科学中的解释》(巴黎,1927年),第20页。

相矛盾，就没有必要借助于实证主义和任何其他学说来加以谴责。

4. 人类行动科学的情况

可是，本文不打算讨论神学或形而上学，也不打算讨论实证主义对神学或形而上学的拒斥。本文只讨论实证主义对人类行动科学的攻击。

实证主义的基本论点是，自然科学的实验方法是能够用于探求知识的唯一方法。在实证主义者看来，自然科学由于完全埋头于阐释物理学和化学问题这一最为紧迫的任务，在过去忽视了而且或许在最近的将来仍将忽视人的行动问题。但他们补充说，毫无疑问，一旦富有科学观念和受过实验室精确工作方法训练的人们，有闲暇转而研究像人的行为这样的"小"问题，他们就会用真正的知识取代目前风行的毫无价值的空谈。"统一科学"将解决所有相关的问题，并将开创一个"社会工程"的时代，在这个时代，一切人类事务都将像现代技术供应电流那样得到令人满意的解决。

抱有这种信念的先驱者们有些不那么谦虚谨慎，声称行为主义（或用纽拉特的话说，行为学）已经在通往这一结果的道路上迈出了相当重要的几步。他们所指的是，人们发现了向性和条件反射。借助于取得这些成果的方法而再向前发展，科学终将有一天兑现实证主义的所有承诺。在他们看来，若认为人的行为并非完全由决定植物和狗的那些冲动所决定，那只是人的妄自尊大。

针对所有这些慷慨激昂的话语，我们不得不强调这样一个不容怀疑的事实，即：自然科学没有解释观念和合目的性的知识工具。

自负的实证主义者也许希望,终有一天,生理学家会成功地用物理学和化学描述所有那些产生了特定的个人的事件和在其一生中改变其天性的事件。我们可以不追问,这样的知识能否充分解释动物在每一种它们必须面对的情况下的行为。但毫无疑问,这样的知识无法解释人对外部刺激的反应。因为人的这种反应是由观念决定的,而观念这种现象不是物理学、化学和生理学所能描述的。自然科学根本无法解释,是什么使众多的人一生忠于自己从小接触的宗教信仰,是什么使另一些人改变了自己的信仰,人们为什么加入或退出政党,为什么会有许多不同的哲学流派,为什么对于许多问题会有不同的意见。

5. 实证主义的种种谬见

西欧和中欧各民族及其定居在海外领土的子孙,坚持不懈地努力改善人类的生活环境,发展出了所谓的西方资产阶级文明(这个词常常带有贬损意味)。这种文明的基础是资本主义经济制度,由此而必然带来的政治结果是代议政治以及思想自由和人际交流自由。尽管不断遭到愚蠢而怀有恶意的大众以及前资本主义思维和行为方式的阻挠,自由企业制还是从根本上改变了人的命运。它降低了死亡率,延长了平均寿命,而使人口成倍地增加。在那些没有严重妨碍个人冒险和逐利精神的国家,自由企业制将普通人的生活提高到了前所未有的水平。所有的人,不管多么慷慨激昂地污蔑和攻击资本主义,却热烈追捧它生产出的产品,而暗中对它

第七章　一元论在认识论上的根源

表示了敬意。

资本主义带给人类的财富，并不是一种叫作进步的神秘力量取得的成就，也不是自然科学取得的成就，或运用自然科学来完善技术和治疗学而取得的成就。如果储蓄和资本积累没有预先准备物质手段，那么，技术和治疗学的改进是无法得到实际利用的。为什么不是每个人都能利用有关生产和技术的知识，原因就在于积累的资本供应量不够充足。美好旧时光的停滞状态之所以转变为资本主义的生机盎然状态，并不是由于自然科学和技术发生了变革，而是由于采用了自由企业原则。那场肇始于文艺复兴，持续至启蒙运动，而在19世纪的自由主义思潮④中达到顶点的伟大思想运动，既产生了资本主义，亦即自由市场经济，又产生了其政治后果（用马克思的话说，是其政治上的"上层建筑"），亦即代议政治和个人的公民权利。公民权利包括：信仰自由、思想自由、言论自由以及所有其他交流方式的自由。正是在个人主义的资本主义制度创造的这种气氛之中，现代知识才结出了累累果实。此前人类从未生活在像19世纪下半叶那样的环境中，当时，在各文明国家，举凡哲学、宗教和科学方面的最重大问题，都可以自由讨论，不必惧怕当权者的报复。那是一个反对意见大量涌现且会产生有益作用的时代。

一场与此相对立的运动也发展了起来。但它并不是过去强迫人们服从的邪恶势力的死灰复燃，而是源于许多人内心深处的集

---

④　本文中使用的"自由主义"，应按照其19世纪的古典含义来理解，而不是按照其如今在美国的含义来理解——现如今，它所指称的是与它在19世纪所指称的恰恰完全相反的东西。

权和独裁情结,这些人享受了自由和个人主义的成果,却没有对这些成果的生长和成熟作出过任何贡献。大众不喜欢比他们强的人,无论在哪一方面比他们强。普通人嫉妒并怨恨与他们不一样的人。

将大众推入社会主义阵营的心理因素,不仅是他们幻想,社会主义将会使他们更为富裕,而且他们还希望,社会主义将抑制所有那些比他们过得好的人。所有的乌托邦计划,从柏拉图的一直到马克思的,其特点都是人类境况的呆滞和僵化。一旦社会达到了"完善"状态,就不应容忍再有任何变化。也就不再有革新者和改革者的容身之地。

在知识界,鼓吹这种不宽容的暴政的代表,便是实证主义。其领军人物奥古斯特·孔德没有对知识的进步作出任何贡献。他只是制订出了一种社会秩序的蓝图,这种秩序以进步、科学和人类的名义,绝对禁止偏离孔德的思想。

孔德思想的继承者就是当代的实证主义者。他们鼓吹"统一科学"、泛物理主义、"逻辑"实证主义或"经验"实证主义以及"科学的"哲学。他们和孔德一样,也没有对自然科学的进步作出贡献。未来写物理学史、化学史、生物学史和生理学史的历史学家不会提及他们的名字和著作。"统一科学"所做的仅仅是,叫我们放弃人类行动科学使用的方法,代之以实验性自然科学使用的方法。统一科学之受人关注,不是因为它有所贡献,而只是因为它有所禁止。其领军人物是一些不容异说的、心胸狭隘的独断主义者。

历史学家应当了解产生新旧实证主义的政治、经济和知识环境。但是，了解了产生某些思想的特定历史环境，既不能为某一学派的学说作辩护，也不能驳斥某一学派的学说。揭露实证主义的种种谬见并驳斥它们，是认识论的任务。

第八章 实证主义与西方文明的危机

1. 对宇宙的误解

逻辑实证主义哲学描述宇宙的方法是有缺陷的。它了解的只是自然科学的实验方法所能够认识的事物。它既忽略了人的行动,也忽略了人的心灵。

对于这种做法,实证主义的通常辩解是,人在浩瀚无垠的宇宙中只是一颗微粒,人类的整个历史在无始无终的永恒中只是一个转瞬即逝的插曲。不过,一种现象的重要性和意义,不能只从数量方面评价。人在我们有所了解的那部分宇宙中占据的地位,确实是渺小的。但是,就我们所知,关于宇宙的基本事实是,宇宙分为两个部分。如果使用一些哲学家的术语而忽略它们的形而上学含义,则我们可以把一部分称为"广延之物",把另一部分称为"能思之物"。我们不知道这两个领域的相互关系在超人看来究竟会是什么样子。对于人来说,它们的区别是不容争辩的。或许由于我们心灵的能力有欠缺,只能察觉一部分是心灵,一部分是物体,而无法认识到它们在本质上是同质的。但是,毫无疑问,关于"统一科学"的空谈终究不能把一元论所具有的形而上学性质转变为经验知识的无懈可击的定理。人的心灵不得不把实在分为两部分，一是心灵本身，一是外部事件。而且，我们绝不可能把心灵的表现贬抑到较低的地位，因为人只是由于有心灵，才能够认识事物，才能够在心中呈现事实真相。

实证主义的世界观扭曲了人类的基本经验，就这种经验而言，感知、思考和行动的能力是一终极事实，这个事实明显区别于在没有人的有目的的行动的干预时发生的一切事情。想要不涉及使人能够有经验的那个要素而谈论经验，那是徒劳的。

2. 对人类境况的误解

在形形色色的实证主义看来，人在地球上所取得的突出成就是，愈来愈清楚地认识到自然现象（也就是说，不包括心灵和意志现象）的相互关系，并愈来愈成功地在技术和治疗学方面利用这种相互关系。现代工业文明、工业文明所带来的极大富裕以及在工业文明的条件之下人口的空前增加，都是实验性自然科学的进步取得的成果。改善人类命运的主要因素是科学，用实证主义的话来说，也即自然科学。在这种哲学的语境中，社会就像一个大工厂，所有社会问题都是技术问题，应当用"社会工程学"来解决。譬如，根据这种学说，所谓不发达国家所缺少的，是科学知识。

这恐怕是对人类历史最为彻底的误解了。人类之所以能提升至禽兽水平以上，并摆脱生物学上的恐怖竞争，从根本上说，是因为发现了分工合作这一能够提高生产力的原则，这是一项具有生成意义的伟大宇宙原则。人类的努力过去成果丰富，今后会更加丰富,其原因是资本货物的不断积累,没有资本货物的积累,技术创新实际上就不会得到利用。在不使用一般交换媒介即货币的环境中,绝不可能有技术上的换算和计算。现代的工业化,即对自然科学的实际利用,是以市场经济的运作为前提的。在市场经济中,货币确立了各种生产要素的价格,工程师才可以比较不同项目可能带来的成本和收益。如果没有经济计算,物理学和化学的量化对于技术规划也就毫无用处。① 不发达国家所缺乏的,不是知识,而是资本。②

在我们的时代,自然科学的实验性方法所享有的盛誉以及实验室的研究工作所得到的充裕资金支持,都是资本主义制度下资本不断积累的附随现象。将马车、帆船和风车的世界,一步一步地转变为飞机和电子学世界的,是曼彻斯特主义的自由放任原则。大量的储蓄不断寻求最为有利可图的投资机会,提供了将物理学家和化学家取得的成就用于改善工商业活动所需的资金。所谓经济进步,是三个进步群体或阶级的活动共同作用的结果。一个是储蓄者群体,另一个是科学家—发明家群体,还有一个是企业家群体。在市场经济中,这三个群体只要不受到不思进取的从事日常工作的大众和大众所支持的公共政策的阻碍,他们的活动就会带来上述结果。

---

① 关于经济计算问题,参见米塞斯:《人类行动》,第 201—232 页和第 691—711 页。
② 这也回答了人们常常问的一个问题,即:古希腊人的物理学使他们已经掌握了制造蒸汽机所需的理论知识,可是他们为什么没有制造出蒸汽机。他们没有意识到储蓄和资本形成的极端重要性。

不是科学，而是资本主义的社会和政治制度，带来了我们这个时代所特有的所有那些技术上和治疗学上的成就。只有在资本大量积累的环境中，像阿基米德和达·芬奇那样的天才人物的业余消遣，才会发展成为组织良好的、系统化的对知识的追求。创业者和投机者的贪欲备受指责，可他们却一心要把科学研究的成果用于提高大众的生活水平。我们时代的思想环境，对"资产阶级"深恶痛绝，急于用"服务"原则取代"利润"原则，在这样的环境中，技术创新被越来越多地用于为战争与毁灭制造有效的工具。

实验性自然科学的研究活动，其本身对于任何哲学和政治问题都是中立的。但是，这些活动只有在个人主义与自由的社会哲学盛行的环境中，才会蓬勃发展，才会有益于人类。

实证主义强调，自然科学的一切成就都应归功于经验，这只不过重复了一条自从自然哲学*寿终正寝以来就没有人再质疑过的自明之理。它在诋毁人类行动科学的方法时，也就为那些正在破坏西方文明基础的势力登上历史舞台铺平了道路。

3. 科学崇拜

现代西方文明的特点，并不是它所取得的科学成就，也不是这些成就促进了人民生活水平的提高和平均寿命的延长。这些仅仅是一种社会秩序建立起来以后的结果。在这种社会秩序中，盈

---

* 米塞斯所谓的自然哲学，或许指的是他在本书第二章第 2 小节提及的那种拟人说，这种学说认为，"上帝或大自然的行动方式，与人的行动方式没有什么差别。"——译者注

利—亏损制激励最为杰出的社会成员尽其所能地为天赋不是那么高的大众服务。在资本主义制度下,值得做且有利可图的事情,是去满足普通人即顾客的需要。你所满足的人越多,你得到的好处也就越多。③

这种制度肯定不理想,也不完善。在人类事务中,根本就没有完善可言。但是,能够代替它的,只有极权制度。在极权制度下,一群指挥者假借社会这一虚构的实体,来决定所有的人的命运。这种制度通过全面控制每一个人的行为,取消了个人自由,而建立该制度的计划,却被宣称为是对科学的崇拜,这真让人啼笑皆非。圣西门窃取牛顿万有引力定律的威望来掩盖他那狂热的极权主义,而他的门徒孔德则俨然以科学的代言人自居,宣称某些天文学研究是徒劳无益的,禁止人们从事这些研究,可没过多久,这些研究就取得了19世纪的一些最为令人瞩目的科学成果。马克思和恩格斯为他们的社会主义计划僭取了"科学的"这一称号。社会主义者或共产主义者的偏见,以及逻辑实证主义斗士的活动,更是人们所熟知的。

科学史是一些个人所取得的成就的记录,这些个人孤独地工作,常常被人漠视,甚至遭到同时代人的公开敌视。你无法写出一部"没有人名"的科学史。要紧的是个人,而不是"团队工作"。你无法组织新思想的出现,无法使新思想的出现制度化。新思想恰恰是搞组织活动和制订计划的人不会想到的思想,而且新思想会

---

③ "现代文明,也可以说几乎所有文明,都建立在这样一条原则的基础之上,即:凡是能够取悦于市场的人便会受到奖励,而不能做到这一点的人则会遭受惩罚。"埃德温·坎南:《一个经济学家的抗议》(伦敦,1928年),第6页及以下各页。

使他们的计划落空,使他们的意图受挫。规划他人的行动,意味着阻止他人为自己作规划,意味着剥夺他人作为人的基本特性,意味着奴役他人。

我们的文明面临的巨大危机,就是这种制订全面计划的热情所带来的后果。总是有人想要限制其他人的选择权利和选择能力。普通人对于无论在哪方面使自己黯然失色的人,总是侧目而视,鼓吹人人一致。我们时代的新颖之处和特点是,鼓吹人人一律和人人一致的那些人,是以科学的名义提出这一主张的。

4. 极权主义所得到的方法论上的支持

时代在进步,较为高效的生产方法逐步取代了前资本主义时代陈旧的生产方法,但前进道路上的每一步都遇到了一些人的疯狂抵抗,因为这些人的既得利益在短期内受到了创新的损害。贵族们为了地产上的利益想要维护旧制度的经济秩序,其焦急之情不亚于摧毁机器和拆除厂房的工人们的狂暴情绪。但是,创新事业得到了新兴政治经济学的支持,而维持旧生产方法的事业则缺少站得住脚的思想基础。

在阻止工厂制度及其技术成就发展的一切企图失败之后,工团主义思想便开始形成。赶走企业家,那些懒惰而无用的寄生虫!把所有的收益,即全部劳动成果,交还给那些靠辛苦劳作创造出收益的工人!但是,即便最为仇视新工业方法的人也不得不承认,这样的主张是不合适的。当初,工团主义是未受过教育的下层民众的哲学,只是过了很长一段时间,出现了英国的基尔特社会主义、意大利法西斯的国家合作制以及20世纪的"劳动经济学"和工会政治以后,才得到知识分子的认可。④

抵抗资本主义的宏大设计是社会主义,而不是工团主义。但是,自打社会主义政党展开其宣传攻势之初,就遇到了一件叫它们尴尬的事情,即它们无法反驳经济学对其计划的批评。卡尔·马克思充分意识到自己在这方面无能为力,于是采取了一种狡猾的回避方法。他和他的追随者,乃至那些将自己的学说称为"知识社会学"的人们,试图用它们假造的意识形态—概念诋毁经济学。按照马克思主义者的说法,在"阶级社会"中,人们天生就不适合构想出从本质上真正描述现实的理论。人的思想必然会受"意识形态"的污染。马克思所谓的意识形态,指的是虚假的学说,然而,正是因为它是虚假的,它才会为其提出者所属的阶级服务。人们无需回答对于社会主义计划的批评。只要揭露其提出者的非无产阶级背景,就足够了。⑤

马克思主义的多逻辑学说,是我们这个时代流行的哲学和认识论。其目的在于使马克思主义学说坚不可摧,因为它暗中界定,所谓真理,就是与马克思主义相一致。马克思主义的反对者,恰恰因为是反对者而必然总是错的。如果反对者出身于无产阶级,他就是一个叛徒;如果他属于另一个"阶级",他就是"掌握着未来的阶级"的敌人。⑥

马克思主义的这种诡辩,过去和现在都具有极大的魔力,以致

---

④ 参见:《人类行动》,第808—816页。
⑤ 同前书,第72—91页。
⑥ 《共产党宣言》,第1页。

第八章　实证主义与西方文明的危机

即便是研究思想史的学者在很长一段时间内也未能认识到，实证主义步孔德的后尘，提供了另一种不用批判和分析就能全面诋毁经济学的权宜之计。在实证主义者看来，经济学根本不是科学，因为它没有采用自然科学的方法。譬如，孔德和那些以社会学的名义鼓吹总体国家的孔德的追随者，会把经济学污蔑为形而上学的胡扯，于是就不必用推理方法来驳斥经济学了。当伯恩施坦的修正主义暂时削弱了马克思主义正统学说的威望时，马克思主义政党的一些年轻党员便开始在阿芬那留斯和马赫的著作中为社会主义的教条寻找从哲学上辩护的理由。这种对纯正辩证唯物主义的背叛，在毫不妥协地捍卫正统马克思主义学说的人看来，是对神灵的亵渎。在社会主义文献中，列宁的一部最大部头的著作，是对经验批判主义的"中产阶级哲学"以及社会主义政党中这种哲学的信奉者的猛烈抨击。⑦列宁终生处于精神封闭状态中，没能意识到，马克思主义的意识形态一学说在自然科学家的圈子里已经丧失了说服力，也没能意识到，数学家、物理学家和生理学家认为，实证论的泛物理主义在诋毁经济科学的运动中更加给力。奥图·纽拉特在"统一科学"方法论上的一元论中注入了明确无误的反资本主义基调，把新实证主义转变成了社会主义和共产主义的附庸。如今，马克思主义的多逻辑说和实证主义这两种学说，竞相为"左派"提供理论支持。对于哲学家、数学家和生物学家来说，还有逻辑实证主义或经验实证主义这样深奥的学说，而灌输给朴素大众的仍然是被篡改的辩证唯物主义。

---

⑦　列宁：《唯物主义和经验批判主义》（首版俄文，1908年）。

为了论证的简便,我们可以假设,泛物理主义拒斥经济学仅仅是出于逻辑上或认识论上的考虑,并假设,在这件事情上,无论是政治偏见还是人们对高薪者或富人的嫉妒都没有起任何作用,即便如此,我们也不得不指出,激进经验主义的拥护者们顽固地拒绝看到,日常经验与他们的社会主义预言是相抵触的。他们不仅无视西方国家国有化企业的所有"实验"均遭失败,而且一点儿也不在乎这样一个无可争辩的事实,即:资本主义国家的平均生活水平远高于共产党国家的生活水平。若被逼急了,他们会一笔勾销这一"经验",说这完全是资本家的反共计谋造成的结果。[8] 不管人们对这种拙劣的托词有什么样的看法,人们都无法否认,这等于明目张胆地抛弃了把经验视为知识的唯一来源这样一条原则。因为在这条原则看来,绝对不允许借助于某些所谓的理论反思,变魔术般地驱除经验事实。

5. 后果

关于当代的意识形态状况,突出的事实是,最为流行的政治学说都鼓吹极权主义,也就是完全取消个人的选择自由和行动自由。同样值得注意的是,最为顽固地倡导这种强求一致的制度的人,都称自己为科学家、逻辑学家和哲学家。

当然,这并不是一种新现象。柏拉图在过去的漫长年代里,要

---

[8] 参见米塞斯:《计划造成的混乱》(1947;重印版,欧文顿,新泽西州:经济教育基金会,1977年),第80—87页。(重印于《社会主义》一书[新版,耶鲁大学出版社,1951年],第582—589页。)

比亚里士多德更加是"一切有识之士的老师"(但丁语),他详细说明了一种极权主义计划,其激进程度只是在19世纪被孔德和马克思的计划所超越。实际上,许多哲学家完全不能容忍持不同意见的人,想借助于政府的治安部门来阻止对他们的所有批评。

若逻辑实证主义的经验论原则指的仅仅是自然科学的方法,那便没有任何人对它的主张提出质疑。若它拒斥人的行动科学的认识论原则,那它就不仅是完全错了,而且还是在有意识地破坏西方文明的思想基础。

索　引

（中译文之后的页码为英文版的页码，即中译本的边码。
括号中的数字是脚注的编码。）

Accounting 会计，84
Action，human 行动，人的/人类
　　animal 动物，4，46，104
　　apriorism 先验论，64
　　branches of science 科学分支，
　　　41－44，77
　　category 范畴，8－9，35
　　causality 因果关系，20
　　chance 偶然性，61
　　climate of opinion 流行见解，90
　　constant relations 不变的关系，
　　　40，56，62
　　defined 定义，34
　　determined 决定，25
　　environment 环境，48
　　experience 经验，15，18，69
　　explaining 解释，59
　　external events 外部事件，6，36
　　forecasting 预测，59，60，64，
　　　66－69

free will 自由意志，57
generated 产生，64
history 历史，史学，43，45
individualism 个人主义，80
judged 判断，96
knowledge 知识，34；又见 Knowledge
man 人，2，4，7，34－36
means and ends 手段与目的，7，
　　8，83
mind 心灵，11
monism 一元论，115，120
motives 动机，26，74
natural sciences 自然科学，36，
　　39，55，58
planning 计划，66，129
positivism 实证主义，126－128
praxeology 人类行动学，2－3，
　　7，9，41
psychology 心理学，47，71，47

（9）

purpose 目的，7
quantification 量化，66
rational 理性的，2，12，76，90
regularity 规律性，49
research fable 关于研究方法的无稽之谈，73
sciences 科学，9，41-44，120-121
statistics 统计，26，44
studying 研究，results 结果，80
teleology 目的论，6
uncertainty 不确定性，65
understanding 理解，27，48，66
valuation 价值判断，83
violent 暴力的，60，97
　　又见 Behaviorism；Praxeology
Activistic basis of knowledge 知识的行动主义基础，34-51
Aggression 侵略，87，98
Agriculture 农业，113
Anarchists 无政府主义者，98，99
Ancien régime 旧制度，107，110，130
Animals 动物，4，46，104
Animism 万物有灵论，36
Anthropomorphism 拟人说，36
Apriorism 先验论
　categories 范畴，14-17，54，64
　causality 因果关系，120
　characteristic 特征，54

concept 概念，17-18
critics 批评者，13
determinism 决定论，61，115
experience 经验，15，18，70
human mind 人类心灵，14，17，19
knowledge 知识，4
praxeology 人类行动学，4，42，44
reality，representation 现实，表现，19-21
rejected 被拒斥，12，68
theories，unscientific 理论，非科学的，70
Aristocracy 贵族，130，110(6)
Aristotle 亚里士多德，105，132
Associationism 联想主义，71
Authoritarianism 权威主义，107
Autocrats 独裁者，90
Avenarius, Richard 阿芬那留斯，理查德，131

Behaviorism 行为主义
　classes 种类，24
　directed 被支配，82
　features 特征，104
　intentional 有意的，15
　irregular 没有规律的，37
　molecules and atoms 分子和原子，24，27

natural sciences 自然科学，39
purposeful 有目的的，26
rational 理性的，76，90
sciences 科学，39，101-103
  stimulus-response 刺激—反应，40
  thymology 情意学，47
Benda，J.，班达 15(6)
Beneficiaries 受益者，113
Bentham，Jeremy 边沁，杰里米，9
Bernstein，E. 伯恩施坦，131
Bolyai，J. 鲍耶，5
Buckle，H. Th. 巴克勒，56(3)
Buckley，W. F. 巴克利，107(4)
Business 工商业，77，84，89
Buying and selling 买卖，75

Cannan，Edwin 坎南，埃德温，128(3)
Capitalism 资本主义
  economic system 经济制度，122
  effects 结果，122，127
  experience 经验，132
  Marxism 马克思主义，32，86
  profit and loss 赢利与亏损，84，89，111
  property 所有权，110
  又见 Market economy
Carnap，Rudolph 卡尔纳普，鲁道夫，21(7)

Cassel，Gustav 卡塞尔，古斯塔夫，63(1)
Catallactic competition 交换学上的竞争，88，108；又见 Economics
Causality 因果关系，6-8，20，27，49
Certainty and uncertainty 确定性与不确定性
  concept 概念，62-72
  confirmation and refutability 证实与可反驳性，69-70
  decision-making 作决策，69
  future 未来，46，64-66
  knowledge 知识，63-64
  praxeological theorems 人类行动学定理，70-72
  prediction 预测，66-67
  quantification and understanding 量化与领悟，66
  quantitative definiteness 量的确定，62-63
  reasoning 推理，44
  technology 技术，64，65，127
  trend doctrine 趋势理论，67-69
Changes 变化，15，28；又见 Action human 人的，人类的
Choosing 选择
  free will 自由意志，57
  means and ends 手段与目的，36，50，101，102，105

molecules and atoms 分子和原子, 24, 27

praxeology 人类行动学, 69

又见 Valuation

Civilization 文明

market economy 市场经济, 92, 128(3)

modern, basis 现代的, 基础, 92

Western 西方的, 98, 125-133

Climate of opinion 流行见解, 90-91

Cohen, Morris 科恩, 莫里斯, 14(4)

Collectivism 集体主义, 79, 81, 106, 108

Collingwood, R. G. 柯林武德, 47, 38(2), 47(9)

Communism 共产主义, 107(3); 又见 Marx, Karl; Socialism

Competition 竞争, 88; 又见 Capitalism

Comte, Auguste 孔德, 奥古斯特, 39, 48, 64, 119, 123, 129, 139

Concatenation 相互联系, 24, 27, 40, 56, 63

Confirmation and refutability 证实与可反驳性, 69-70

Constant relations 不变的关系, 40, 56, 62

Constitution 制度, 机构, 宪法, 95, 100, 109

Constructs 概念, 79

Consumers 消费者

labor 劳动, 97, 126

motives 动机, 75

profits 利润, 84, 85, 89, 111

sovereignty 主权, 112-114

又见 Market economy

Contract society 契约社会, 109

Co-operation 合作

Individualism 个人主义, 79

peaceful 和平的, 92, 97

principle 原则, 88

production 生产, 126

social 社会的, 88, 108

society 社会, 61, 76, 78, 87, 91, 105

Copernicus, Nicolaus 哥白尼, 尼古拉斯 119

Correlations and functions 相关性和函数关系, 63

Creation 创造, 52

Darwin, Charles 达尔文, 查尔斯, 15

Decision-making 作决策, 69; 又见 Choosing

Deductive theories 演绎理论, 12, 21, 44, 64

Definiteness 确定, quantitative 量的, 62-63
Descartes, René 笛卡尔, 勒内, 29
Despotism 专制, 92
Determinism 宿命论, 28, 53, 61, 115
Dilthey, W. 狄尔泰, 47(9)
Distribution, national income 分配, 国民收入, 85
Divine right 神权, 107, 117
Dualism 二元论, 40, 115
Du Bois-Raymond 杜布瓦-雷蒙, P. D., 117

Econometrics 计量经济学, 63
Economics 经济学
  approach 研究方法, 108-109
  behavioral sciences 行为科学, 39, 101-103
  business 工商业, 7
  capitalism 资本主义, 122
  climate of opinion 流行见解, 90-91
  collectives 集体, 108
  confirmation and refutability 证实与可反驳性, 69-70
  consumer sovereignty 消费者主权, 112-114
  epistemological neglect 认识论上的忽视, 3
  errors concerning scope and method 关于范围与方法的错误, 73-103
  government, perfect system 政治, 完美体制, 94-101
  history 历史, 史学, 66, 73
  hypostatization, pitfalls 实体化陷阱, 78-80
  identified 识别, 73
  individualism, methodological 个人主义, 方法论上的, 80-83
  legal terminology 法律术语, 109-112
  macroeconomics 宏观经济学, 83-87
  marginal utility 边际效用, 76
  measurement 测量, 66
  motives 动机, 74-77
  omnipotence of thought 思想万能, 91-94
  praxeology 人类行动学, 3-4, 101; 又见 Praxeology
  prediction 预测, 59, 60, 66, 67-69
  quantification 量化, 63
  reality and play 现实与游戏, 87-90
  research fable 关于研究方法的无稽之谈, 73-74
  theory and practice 理论与实践,

77-78
thinking 思考, 91, 104-114
trend doctrine 趋势理论, 67-69
uncertainty of the future 未来的不确定性, 64-66
understanding 领悟, 66
Economists, classical 经济学家,古典的, 74, 106
Eddington, Arthur Stanley 爱丁顿,阿瑟·斯坦利, 84(3)
Emerson, R. W. 爱默生, 2(1)
Empedocles 恩培多克勒, 42
Empiricism 经验主义
  apriorism, reaction 反应,先验论, 12
  experience 经验, 27
  explained 解释, 21
  knowledge of universe 有关宇宙的知识, 63
  natural sciences 自然科学, 115
  probability 概率, 23, 27-28
  pure 纯的, 117
Ends and means 目的与手段;见 Means and ends
Engels, Friedrich 恩格斯,弗里德里希, 129
England 英国, 110, 110(6)
Enlightenment 启蒙运动, 106
Entrepreneurs 企业家
  ownership 所有权, 111

savings 储蓄, 86
  又见 Market economy
Environment 环境
  measurement 测量, 62
  praxeological reasoning 人类行动学的推理, 44
  shaped 塑造, 46
  study 研究, 36
  understanding 理解, 48
  valuation 价值判断, 37
  又见 Universe
Epistemology 认识论
  action, schemes 行动,计划, 120-121
  characteristic trait 特征, 3
  defined 界定, 1
  economics 经济学, 3
  human mind 人类心灵, 17
  individualism 个人主义, 82, 108
  monism 一元论, 115-124
  natural science, case 自然科学,情况, 119-120
  permanent substratum 永恒基础, 1-2
  positivism 实证主义, 118-119, 122-124, 129-133
  praxeological theorems 人类行动学定理, 70, 111
  property 所有权, 111
  rationalism 理性主义, 2, 12,

76, 90
socialistic lesson 社会主义的教训, 32
thinking 思维, 2
totalitarianism 极权主义, 129 - 133
ultimate given 最终的给定物, 54 又见 Knowledge
Equalization, income 均等, 收入, 87
Eternity 永恒, 36, 52
Etymology 词源学, 107(3)
Euclidian geometry 欧几里得几何学, 5, 12
Exchange 交换, 89, 108
Experience 经验
　a priori 先验的, 15, 18, 70
　capitalistic 资本主义的, 132
　empiricism 经验主义, 27
　historical 历史的, 42, 45, 74
　human action 人的行动, 人类行动, 15, 18, 69
　interpretation 解释, 43
　knowledge 知识, 12, 20
　natural science 自然科学, 53, 102, 115, 119
　positivist doctrine 实证主义学说, 53, 71
　regularity 规律性, 20, 22
　research 研究, 102

restricted 限制, 69
totality 总和, 45, 52
External world 外部世界
　human action 人的行动, 人类行动, 6, 36
　monism 一元论, 116
　mutual constant relations 相互不变的关系, 40
　reality 现实, 6, 36, 42
　regularity 规律性, 21
　又见 Universe

Feuerbach, L. A. 费尔巴哈, 116
Finality 目的因, 15, 29, 36 - 37, 43
Forecasting 预测, 59, 60, 64, 66 - 69
France 法国, 107
Free will 自由意志, 57 - 59
Freud, Sigmund 弗洛伊德, 西格蒙德, 91
Future 未来, 46, 64 - 66

Galileo, Galilei 伽利略, 加利莱伊, 119
Gambling 赌博, 69
Games 游戏, 89, 42(6), 90(7)
Geisteswissenschaften 社会科学, 9
Genius 天才, 61
Geometry 几何学, 12, 17

索　引

Gestalt psychology 格式塔心理学，71
Glorious Revolution 光荣革命，110（6）
Government 政府
　anarchist 无政府主义者，98，99
　authoritarian 权威主义的，107
　British system 英国的制度，110，110(6)
　collectivistic 集体主义的，79，81，106，108
　communist 共产党人，107(3)
　contract society 契约社会，109
　despotic 专制的，92
　French 法国的，107
　income 收入，85
　inflation 通货膨胀，85
　liberal 自由主义者，92，123(4)
　majority and minority rule 多数人和少数人的统治，92，107
　nationalized 国有化，80
　one-party system 一党制，107(3)
　perfect system 完美制度，94，101
　popular rule 人民统治，110(6)
　representative 代议的，92，107，122
　research 研究，74
　socialistic 社会主义的；见 Socialism
　totalitarian 极权主义者，99，128，129－133
Greeks 希腊人，127(2)
Group relations 群体关系，81

Haeckel, Ernst Heinrich 海克尔，恩斯特·海因里希，116，119
Heisenberg principle 海森伯原理，62
Henle, Paul, editor 亨利，保罗，编辑，49(10)
Heraclitus 赫拉克利特，1
Historicism 历史学派，68
History 历史，历史学
　cosmic 宇宙的，1，39，60
　defined 定义，45
　economics 经济学，66，73
　experience 经验，42，45，74
　human action 人的行动，人类行动，43，45
　inevitability 必然性，59
　logical character 逻辑特征，45－46
　Marxism 马克思主义，32
　philosophy 哲学，7
　political thought 政治思想，96
　positivism 实证主义，118－119
　quantification and understanding 量化和领悟，66
　research 研究，55，73，101

science 科学,45,102,118,129
statistics 统计,55
theory 理论,16
thymology 情意学,47
ultimate given 最终的给定物,45
Holistic system 整体系统,84
Homo sapiens 人类,2,15,17,64,98；又见 Man；Action, human
Human action 人的行动,人类行动；见 Action, human
Human mind 人的心灵,人类心灵
 apriorism 先验论,14,17,19
 body, problem 身体,问题,116
 causality 因果关系,20
 comprehension 理解,35
 concept 概念,11－33
 epistemology 认识论,17
 induction 归纳法,21
 infinite 无限的,52
  legal terminology 法律术语,108－109
 logical structure 逻辑结构,11－14,16
  materialism, absurdity 唯物主义,荒谬可笑,30
 natural science 自然科学,55
 positivism 实证主义,126
 probability empiricism 概率经验主义,23,27
 problems 问题,104－105

"social sciences" "社会科学",105－108
 theories developed 理论发展,14,64,104
 understanding 理解,48
Human problems, zoological approach 人的问题,动物学方法,104－105
 又见 Action, human
Humanities 人文学科,9
Hume, David 休谟,大卫,12,92
Hypostatization, pitfalls 实体化,陷阱,78－80
Hypotheses 假说,14－17,70

Ideas 观念,57,91
Ideology 意识形态,81
Imaginary construction 假想的架构,42
Income, national 收入,国民,85,87
Individualism 个人主义
 achievements 成就,129
 climate 环境,128
 collectivism 集体主义,82,108
 cooperation 合作,79
 free will 自由意志,58
 human action 人的行动,人类行动,80
 market economy 市场经济,108

methodological 方法论上的, 80 – 83
ultimate given 最终的给定物, 45
Western 西方的, 107
Induction theory 归纳理论, 21 – 27
Inequality, income 不平等, 收入, 85
Inevitability 必然性, 59 – 61
Infinite, necessity and volition 无限的, 必然性与意志力, 52 – 53
Inflation 通货膨胀, 85
Innovation 创新, 130
Institutionalism 制度学派, 68
Irregularity 无规律性, 37
Italian Risorgimento 意大利复兴运动, 80

Kant, Immanuel 康德, 伊曼纽尔, 12, 42
Keynes, John Neville 凯恩斯, 约翰·内维尔, 74(1)
Knowledge 知识
 activistic basis 行动主义的基础, 34 – 51
 apriorism 先验论, 4
 causality and teleology 因果关系与目的论, 7
 certainty and uncertainty 确定性与不确定性, 63 – 64
 empiricism 经验主义, 63

 function 功能, 35
 genius 天才, 61
 logical character 逻辑特征, 45
 man and action 人与行动, 34
 mysticism 神秘主义, 2
 praxeology 人类行动学, 64
 regularity 规律性, 21
 source 来源, 27
 theory 理论, 16
 thymological method 情意学方法, 46
 valuation 价值判断, 37 – 38
Kotarbinski, Tadeusz 科塔宾斯基, 塔杜斯, 42, 42(6)

Labor, division 劳动, 分工, 97, 126
Lalande 拉朗德, 38(2)
La Mettrie, Julien Offray de 拉·美特利, 朱利安·奥费里·德, 116
Language, construction 语言, 架构, 21
Law 法律, 规律
 civil 民事的, 110
 cosmic 宇宙的, 104
 Euclidian 欧几里得的, 14
 macroscopic physics 宏观物理学, 23
 man-made 人制定的, 100

microscopic 微观的, 84
molar 克分子的, 84
probability 概率, 23, 27
public 公共的, 109
regularity 规律性, 56
statistics 统计, 23, 26, 56
tax 税, 85
terminology 术语, 109
Legal institutions 法律制度, 110
Leibniz, Gottfried, W. 莱布尼茨, 哥特弗里德, 12
Lenin, Vladimir Ilyich 列宁, 弗拉基米尔·伊里奇, 131, 131(7)
Liberalism 自由主义, 92, 123(4)
Lilienfeld, Paul de 利林费尔德, 保罗·德, 4
Lobachevsky, Nikolai Ivanovich 罗巴切夫斯基, 尼古拉·伊万诺维奇, 5
Locke, John 洛克, 约翰, 12
Logic 逻辑
  history 历史, 史学, 45-46
  human mind 人类心灵, 11-14, 16
  positivism 实证主义, 5, 23, 70
  praxeology 人类行动学, 44-45
  regularity 规律性, 23
Luce, R. Duncan 鲁斯, R. 邓肯, 89(5)

Mach, Ernst 马赫, 恩斯特, 131
Macroeconomics 宏观经济学, 83-87
Maine, Henry Sumner 梅因, 亨利·萨姆纳, 109
Majority rule 多数人统治, 91, 107
Man 人
  action 行动, 2, 4, 7, 34-36
  free will 自由意志, 57
  imperfect 不完美的, 98
  motives 动机, 26, 74
  sense data 感觉材料, 16
  unequal 不平等的, 59
  world view 世界观, 115
  zoological, view 动物学的, 观点, 104
  又见 Action, human
Marginal utility 边际效用, 76
Market economy 市场经济
  analysis 分析, 83, 86
  basis 基础, 92
  characteristics 特点, 112
  individualism 个人主义, 108
  national income 国民收入, 85
  prices 价格, 75, 84
  principle 原则, 109, 122, 128, 128(3)
  production 生产, 126
  socialization 社会化, 108
  speculation 投机, 思考, 50, 66,

67
valuation 价值判断, 75, 112
Marx, Karl 马克思, 卡尔, 30, 31, 32, 80, 86, 99, 119, 129, 130, 131, 60(6)
Materialism 唯物主义
　absurdity of philosophy 哲学的荒谬可笑, 30 - 33
　concept 概念, 28 - 30
　determinism 决定论, 28
　dialectical 辩证的, 30
　finality 目的因, 29
　Marxian 马克思的, 30
　metaphysical doctrine 形而上学学说, 54, 116
　monism 一元论, 116
　morality 道德, 30
　productive forces 生产力, 31
Mathematics 数学, 12, 17, 55, 70
Means and ends 手段与目的
　acting man 行动着的人, 7, 8, 83
　aims 目的, 83
　choosing 选择, 36, 50, 101, 102, 105
　trends 趋势, 68
Measurement 测量
　environment 环境, 62
　natural sciences 自然科学, 62
　prediction 预测, 67
　statistical 统计的, 23, 26, 55,

85
　understanding 领悟, 66
Mercantilism 重商主义, 89
Metaphysical doctrine 形而上学学说
　historical events 历史事件, 7
　materialism 唯物主义, 54, 116
　positivism 实证主义, 54, 116, 120
　unified science 统一科学, 39
Meteorology 气象学, 46
Methodology 方法论, 80 - 83
Microeconomics 微观经济学, 83
Mill, John Stuart 穆勒, 约翰·斯图尔特, 9
Mind 心灵; 见 Human mind
Minority rule 少数人统治, 92
Mitchell, Wesley C 米契尔, 韦斯利·C, 63(1)
Mohammed 穆罕默德, 29
Molar law 克分子定律, 4
Molecules and atoms 分子与原子, 24, 27
Money 货币
　prices 价格, 84
　purchasing power 购买力, 85
　又见 Capitalism
Monism 一元论
　epistemological roots 认识论上的根源, 115 - 124

materialism 唯物主义，116
natural sciences 自然科学，119-120
 nonexperimental character 非实验性质，115-118
 positivism 实证主义，118-119，122-124
 science of human action 人类行动科学，115，120-121
Morality 道德，9，30，105；又见 Theology
Morgenstern，Oskar 摩根斯坦，奥斯卡，89(5)
Mortality rates 死亡率，56
Motives 动机，26，74-77
Mysticism 神秘主义，2

Nationalization 国有化，80，85；又见 Government 政府
Natural science 自然科学
 causality 因果关系，6，49
 confirmation and refutability 证实与可反驳性，69
 determinism 决定论，53
 doctrine 学说，120
 empiricism 经验主义，115
 experimental methods 实验方法，53，102，115，119
 finality 目的因，36，43
 history 历史，史学，45

human action 人的行动，人类行动，36，39，55，58
 intellectual tools lacking 没有知识工具，121
 limited 限制，117，118
 measurement 测量，62
 metaphysical doctrine 形而上学学说，116
 mind 心灵，55
 monism 一元论，119-120
 objective 目的，64
 policies recommended 推荐的政策，95
 progress 进步，65，126
 psychology 心理学，47
 regularity 规律性，27，39
 research fable 有关研究方法的无稽之谈，73
 statistics 统计，56
 technology 技术，65
 theology 神学，36，118
 valuation 价值判断，37
Natural selection，Darwinism 自然选择，达尔文主义，15
Naturalism 自然主义，104
Necessity 必然性
 free will 自由意志，57-59
 inevitability 必然性，59-61
 infinite 无限的，52-53
 statistics 统计，55-57

ultimate given 最终的给定物,53-55

volition 意志力,52-61

Negation, defined 无,定义,52

Neoauthoritarianism 新权威主义,107

Neoempiricism 新经验主义,27

Neologism 新词, decision-making 作决策,69

Neopositivism 新实证主义,131

Neumann, John 诺伊曼,约翰,89(5)

Neurath, Otto 纽拉特,奥图 121,131,39(3),40(4)

Newton, Isaac 牛顿,艾萨克,129

Nietzsche, Friedrich Wilhelm 尼采,弗里德里希,威廉,2

Numerical expression 用数字表示,55

Omniscience 万能,35,91

One-party system 一党制,107(3)

Ownership 所有权,110

Panempiricists 泛经验主义者,14

Panphysicalism 泛物理主义,22

Parkinson, N. C. 帕金森,96(11-14)

Party, derivation of term 政党,源于……这个词,107(3)

Peace, attaining 和平,获得,93(9)

Phenomena 现象

  external 外部的,62

  observable 可以观察到的,54

  psychological 心理学的,47,71,47(9)

  research 研究,7,55,60,73,101

  valuation 价值判断,37,48,65,75,83,112

Physicalism 物理主义,39

Physicians 医生,6

Physics 物理学,23,38

Planning 计划,66,129;又见 Government

Plato 柏拉图,95,99,132

Play and reality 游戏与现实,87-90

Pneumatology 灵物学,9

Poincaré, Henri 彭加勒,昂利,115(1)

Political science 政治科学,17,95,99,109

Politics 政治学,87,91,94,96

Polylogism, Marxian 多逻辑学说,马克思主义的,131

Popper, Karl 波普,卡尔,69,70,120

Popular rule 人民统治,110(6)

Positivism 实证主义

aim 目的, 38
consequences 后果, 132 - 133
cult of science 科学崇拜, 128 - 129
doctrine 学说, 119
experimental methods 实验方法, 53, 71
fallacies 谬见, 122 - 124
finalism rejected 对目的论的否定, 36
historical setting 历史背景, 118 - 119
human condition 人类境况, 126 - 128
justified 证明…是正当的, 116
logical 逻辑的, 5, 23, 70
Marxian 马克思的, 马克思主义的, 119, 131
measurement 测量, 63
metaphysical doctrine 形而上学说, 54, 116, 120
monism 一元论, 118 - 119, 122 - 124
panphysicalism 泛物理主义, 22
pitfalls 陷阱, 119
science 科学, 63, 128 - 129
theology 神学, 120
totalitarianism 极权主义, 129 - 133
understanding 理解, 49
universe, misinterpretation 宇宙, 误解, 125 - 126
Western civilization, crisis 西方文明, 危机, 125 - 133
Practice and theory 实践与理论, 77 - 78
Pragmatism 实用主义, 13
Praxeology 人类行动学
 action, human 行动, 人类的, 人的, 2 - 3, 7, 9, 41
 aprioristic doctrine 先验学说, 4, 42, 44
 behavioral sciences 行为科学, 101
 causality and teleology 因果关系与目的论, 6
 certainty and uncertainty 确定性与不确定性, 70 - 72
 choosing 选择, 69
 constant relations 不变的关系, 40, 56, 62
 deductive reasoning 演绎推理, 12, 21, 44, 64
 economics 经济学, 3 - 4, 101
 environment 环境, 44
 epistemology 认识论, 70, 111
 examination of theorems 对诸定理的考察, 70 - 72
 finality 目的因, 43
 human action 人的行动, 人类行

动，2-3，7，9，41

knowledge，certain 知识，可靠的，64

logical character 逻辑特征，44-45

observations 观察，1-9

predictions 预测，59，64

reality of external world 外部世界的真实性，6

reasoning 推理，44

sciences of human action 人类行动科学，9

social conditions 社会状况，111

thinking, starting point 思考，出发点，4-6

unscientific theories 非科学的理论，70

又见 Sciences

Precapitalistic age 前资本主义时代，111，112

Prediction 预测，59，60，64，66-69

Prices, market 价格，市场，75，84

Probability theory 概率理论，23，27-28

Production 生产

  co-operation 合作，126

  factors 要素，111

  goods 商品，资料，110

  labor, division 劳动，分工，97，126

materialism 唯物主义，31

nationalized 国有化，80

又见 Consumers

Profits and loss 利润与亏损，84，85，89，111；又见 Capitalism

Progress 进步，53，65，126

Property 所有权，110

Propositions, synthetic 命题，综合的，5

Psychology 心理学，47，71，47(9)

Public opinion 公众舆论，74，94(10)

Purchasing power of money 货币的购买力，85

Pythagoras 毕达哥拉斯，17

Quantification and understanding in acting and in history 行动与历史中的量化和理解，61，62-63

Racine, Jean B. 拉辛，让，29

Raiffa, H. 赖法，89(5)

Railroads 铁路公司，25

Rationalism 理性主义，2，12，76，90

Reality 现实，真实性

  a priori representation 先验表现，19-21

  classical view 古典学派的观点，

75
cognition 认识, 41
evaluation 评估, 66
external world 外部世界, 6, 36, 42
interpretation 解释, 30, 64
observation 观察, 18
play 游戏, 87 – 90
purposeful striving 有目的的努力, 36
Reasoning 推理
  acting man 行动着的人, 2
  attributes 属性, 11
  certainty 确定性, 44
  deductive 演绎的, 12, 21, 44, 64
  human 人类的, 人的; 见 Human mind
Refutability and confirmation 可反驳性与证实, 69 – 70
Regressus in infinitum 无穷无尽地、一步一步地向后回溯, 115
Regularity 规律性
  anticipation of events 对事件的预测, 49
  concatenation 相互联系, 24, 27
  experience 经验, 20, 22
  external world 外部世界, 21
  human action 人类行动, 人的行动, 49

knowledge 知识, 21
law 规律, 56
logical positivism 逻辑实证主义, 23
natural sciences 自然科学, 27, 39
physics 物理学, 23
statistics 统计, 55
Reichenbach, Hans 赖辛巴赫, 汉斯, 14, 14(3), 23(8), 27(11), 28(12), 28
Relevance principle 相关性原则, 102
Religion 宗教; 见 Theology
Research 研究
  causality 因果关系, 7
  experimental 实验的, 102
  fable 无稽之谈, 73 – 74
  government 政府, 74
  historical 历史的, 55, 73, 101
  scientific 科学的, 53
Revolutions 革命, 60, 97, 110(6)
Ricardo, David 李嘉图, 大卫, 78
Risorgimento 复兴运动, 80
Rougier, Louis 鲁吉耶, 路易, 13(1 – 2), 106(2)
Russian communism 俄国的共产主义, 107(3); 又见 Marx, Karl
Russell, Bertrand 罗素, 伯特兰, 25, 26

Saint-Simon, Claude Henri 圣西门, 克劳德·亨利, 129
Savings 储蓄, 86
Schriftgiesser, Karl 施瑞夫特基塞, 卡尔, 102(18)
Schumpeter, Joseph 熊彼特, 约瑟夫, 63(1)
Science 科学
    aprioristic 先验的, 68
    behavioral 行为的, 39, 101–103
    branches 分支, 41–44, 77
    defined 定义, 38(2)
    Greek 希腊的, 127(2)
    historical 历史的, 45, 102, 118, 129
    human action; 见 Action, human
    mental 精神的, 47(9)
    metaphysics 形而上学, 7, 39, 54, 116, 118, 120
    moral 道德的, 9, 30, 105
    natural; 见 Natural sciences
    physics 物理学, 23, 38
    political 政治的, 17, 95, 99, 109
    positivism 实证主义, 63, 128–129
    progress 进步, 53
    research 研究, 53
    social 社会的, 79
    theology 神学, 37
    ultimate given 最终的给定物, 23

unified 统一的, 38–41, 121, 124, 129, 131
Seligman, E. R. A. 塞利格曼, 107(5)
Semantics 语义学, 21, 38, 80, 108
Sense data 感官材料, 16, 20, 71
Slang 俚语, 38(2)
Social engineers 社会工程师, 40, 94, 121
Social sciences 社会科学, 79, 105–108
Socialism 社会主义
    anticapitalistic device 抵抗资本主义的设计, 130
    attraction 吸引, 123
    characteristics 特征, 99
    decisions 决策, 69
    Lenin's views 列宁的观点, 131
    lesson 教训, 31, 32
    market economy 市场经济, 108
    promoted 增进, 94
Society 社会
    aggressive 侵略的, 99
    agricultural 农业的, 113
    class 阶级, 130
    collectivistic 集体主义的, 79, 81, 106, 108
    contract 契约, 109
    co-operation 合作, 61, 76, 78, 87, 91, 105

industrial 工业的，113
    misinterpretation 误解，78
    semantics 语义学，80，108
Sociology 社会学，30，101，131
Sodium 钠，40
Somatology 人体学，9
Speculation 投机，50，66，67
Standard of living 生活水平，127，128
Static equilibrium 静态均衡，42
Statistics 统计
    defined 定义，55
    historical research 历史研究，55
    human 人类的，人的，26，55
    laws 规律，23，26，56
    national income 国民收入，85
    necessary and volition 必然的和意志力，55-57
    regularity 规律性，55
Succession of events 事件的前后接续，63
Superstitions 迷信，119
Survival 生存，34
Syndicalism 工团主义，130

Taine, Hippolyte 泰纳，希珀莱特，47(9)
Tautology 同义反复，17
Tax laws 税法，85
Technology 技术，62，65，127

Teleology 目的论，6-8
Tennyson, Alfred 丁尼生，阿尔弗莱德，104(1)
Theology 神学
    Christian 基督教的，105
    methods 方法，117
    morality 道德，9，30，105
    natural science 自然科学，36，118
    philosophy 哲学，106，117
    positivism 实证主义，120
    teachings 教义，2
Thinking 思维
    achievement 成就，20
    consumer sovereignty 消费者主权，112-114
    economics, implication and neglect 经济学，含义与忽视，104-114
    enemy 敌人，78
    epistemological 认识论的，2
    generated 产生，64，96
    legal terminology 法律术语，109-112
    omnipotent, economics 全能的，经济学，91-94
    praxeological, starting point 人类行动学的，起点，4-6
    "social sciences"，"社会科学"105-108

zoological approach 动物学方法，104－105
Thymology 情意学，46－51
Totalitarianism 极权主义，99，128，129－133
Totality 全体，45，52
Trade，advantages 交易，优势，89，108
Trend doctrine 趋势理论，67－69
Truth 真理，33，35；又见 Knowledge

Ultimate given 最终的给定物
　determinism 宿命论，53
　epistemology 认识论，54
　individuality 个体，45
　necessity and volition 必然性与意志力，53－55
　science 科学，23，117
　truth 真理，35
Uncertainty 不确定性；见 Certainty and uncertainty
Understanding 理解
　environment 环境，48
　historians 历史学家，27
　measurement 测量，66
　positivism 实证主义，49
　quantification in acting and in history 行动与历史中的量化，66
　valuation 评价，48，50

Unified science 统一科学，38－41，121，124，129，131
Universe 宇宙
　analysis 分析，32，53
　conscious conduct 有意识的行为，11
　divine intervention 神的干预，117
　empirical knowledge 经验知识，63
　external world 外部世界，6，21，36，40，42，116
　free will 自由意志，57
　positivism 实证主义，125－126
　totality 全体，45，52
Utilitarianism 功利主义，105
Utopianism 乌托邦思想，97，99

Valuation 价值判断
　action 行动，83
　classical economics 古典经济学，74，106
　consumer 消费者，75，84，89，111
　environment 环境，37
　knowledge 知识，37－38
　market economy 市场经济，75，112
　natural sciences 自然科学，37
　prediction 预测，59，60，64，66，

67

understanding 理解，48，50
Vienna Circle 维也纳学派，13
Violence 暴力，60，97，110(6)
Vogt，Karl 福格特，卡尔，30(13)
Volition 意志力
  free will 自由意志，57-59
  inevitability 必然性，59-61
  infinite 无限的，52-53
  necessity 必然性，52-61
  statistics 统计，55-57
  ultimate given 最终的给定物，53-55

Western civilization and positivism 西方文明与实证主义，98，125-133
Wicksteed，Philip 威克斯蒂德，菲利浦，78
Wittgenstein，Ludwig 维特根斯坦，路德维希，55，55(1)
World view 世界观，115；又见 External world

Zhukov 朱可夫，107
Zoology 动物学，104-105

图书在版编目(CIP)数据

经济科学的最终基础：一篇关于方法的论文/(奥)路德维希·冯·米塞斯著；朱泱译.—北京：商务印书馆,2021
（汉译世界学术名著丛书）
ISBN 978-7-100-20250-3

Ⅰ.①经… Ⅱ.①路…②朱… Ⅲ.①经济学—文集 Ⅳ.①F0-53

中国版本图书馆 CIP 数据核字(2021)第 159962 号

权利保留，侵权必究。

汉译世界学术名著丛书
经济科学的最终基础
一篇关于方法的论文
〔奥〕路德维希·冯·米塞斯 著
朱　泱 译

商　务　印　书　馆　出　版
(北京王府井大街36号　邮政编码100710)
商　务　印　书　馆　发　行
北京艺辉伊航图文有限公司印刷
ISBN 978-7-100-20250-3

2021年10月第1版　　开本 850×1168 1/32
2021年10月北京第1次印刷　印张 5½
定价：35.00元